Guttentagsche Sammlung
Nr. 61. Preußischer Gesetze. Nr. 61.
Textausgaben mit Anmerkungen

Staatliche Verwaltungsgebühren

Gesetz über staatliche Verwaltungsgebühren

vom 29. September 1923

nebst

Gebührenordnungen und Ausführungsbestimmungen.

Textausgabe
mit Einleitung, Anmerkungen und Sachregister

von

Dr. Kurt Eiffler
Oberregierungsrat im Preußischen Finanzministerium.

Berlin und Leipzig 1925.

Walter de Gruyter & Co.

vormals G. J. Göschen'sche Verlagshandlung — J. Guttentag, Verlagsbuchhandlung — Georg Reimer — Karl J. Trübner — Veit & Comp.

Inhaltsübersicht.

III. Anhang.

Vorschriften, betr. Gebührenerhebung in Viehhandelserlaubnissachen.

Nachtrag.

Abkürzungen.

I. Durch Erlaß des FM. vom 15. 8. 1924 (Bes.Bl. S. 289) eingeführte Abkürzungen:

AA. (z. aVGO.) = Ausführungsanweisung (zur allgemeinen Verwaltungsgebührenordnung) vom 29. 12. 1923 (BesBl. S. 249).

aVGO. = allgemeine Verwaltungsgebührenordnung vom 29. 12. 1923 (GS. 1924 S. 1).

TNr. = Tarifnummer.

VGG. = Verwaltungsgebührengesetz: Gesetz über staatliche Verwaltungsgebühren vom 29. 9. 1923 (GS. S. 455).

II. Sonstige Abkürzungen:

Anm. = Anmerkung.

Begr. = Begründung zum VGG. (Landtagsdrucksache 1923 Nr. 6218).

Bek. = Bekanntmachung.

BesBl. = preußisches Besoldungsblatt (Teil II des Finanz-Ministerial-Blatts).

E. = Erlaß.

FM. = Finanzminister.

FMBl. = Finanzministerialblatt.

GO. = Gebührenordnung.

GS. = preußische Gesetzsammlung.

HM. = Minister für Handel und Gewerbe.

HMBl. = Ministerialblatt der Handels- und Gewerbeverwaltung.

JM. = Justizminister.

JMBl. = Justizministerialblatt.

LM. = Minister für Landwirtschaft usw.

LMBl. = Ministerialblatt für Landwirtschaft usw.

LStG. = Landesstempelgesetz: preußisches Stempelsteuergesetz.

MBl. i. V. = Ministerialblatt für die innere Verwaltung.

MdJ. = Minister des Innern.

MfV. = Minister für Volkswohlfahrt.

MfW. = Minister für Wissenschaft usw.

RGBl. = Reichsgesetzblatt.

RMBl. = Reichsministerialblatt (Zentralblatt für das Deutsche Reich).

RVO. = Reichsversicherungsordnung.

S. = Seite.

UZBl. = Zentralblatt für die gesamte Unterrichts-Verwaltung in Preußen.

V. = Verordnung.

VG. = Verwaltungsgebühr.

VGO. = Verwaltungsgebührenordnung.

VMBl. = Volkswohlfahrt, Amtsblatt für das Ministerium für Volkswohlfahrt

ZBl. = Zentralblatt der Preußischen Abgaben- usw. Verwaltung, seit 1. 1. 1913: der Preußischen Verwaltung der Zölle und indirekten Steuern.

Einleitung.

Früherer Rechtszustand.

Mit dem Gesetz über staatliche Verwaltungsgebühren vom 29. September 1923 (GS. S. 455), kurz Verwaltungsgebührengesetz (VGG.) genannt, ist auch in Preußen der Weg beschritten worden, den schon — teilweise lange vorher — die anderen deutschen Länder gegangen sind. Zwar wurden in Preußen auch schon früher vereinzelte Verwaltungsgebühren auf Grund allgemeinen Verfassungsrechts, teils auch auf Grund besonderer Gesetze erhoben. Durch das Verwaltungsgebührengesetz wurde aber erst eine umfassende und einheitliche Regelung des staatlichen Gebührenrechts geschaffen und zugleich für alle hierfür in Betracht kommenden Amtshandlungen der Grundsatz der Gebührenpflichtigkeit aufgestellt.

Begriff der Verwaltungsgebühr.

Bei welchen Amtshandlungen kommt begrifflich die Erhebung einer Verwaltungsgebühr in Frage? Was ist unter Verwaltungsgebühr zu verstehen? Sehen wir bei der Beantwortung dieser Frage davon ab, wie sich das Schrifttum zu ihr stellt. Es erscheint für die Zwecke dieser Sammlung ausreichend, mit Worten aus der Begründung zum Gesetz (vgl. Landtagsdrucksache Nr. 6218 von 1923) zu antworten. Danach will der Staat „dort eine Vergütung verlangen, wo er seine ihm als Staat obliegenden Aufgaben erfüllt und zugleich einem einzelnen unmittelbar eine Leistung zukommen läßt, um deren willen dieser ihn angegangen oder die er sonstwie veranlaßt hat“ (S. 4 a. a. O.). Die Verwaltungsgebühren sollen nur treffen „Verwaltungshandlungen, die aus der Verwaltungshoheit des Staates fließen, also Hoheitshandlungen, z. B. Genehmigungen, Erlaubniserteilungen, Prüfungen, Auszüge, Auskünfte über amtlich bereits bekannte Tatsachen. Hiervon zu unterscheiden sind insbesondere Benutzungsgebühren in bezug auf öffentliche Anlagen und Anstalten (z. B. Lagergebühren, Brückengelder) und Leistungsvergütungen für Leistungen z. B. gewerblicher, wirtschaftlicher, künstlerischer, wissenschaftlicher, technischer Art, die nicht notwendig zur Erfüllung der dem Staate als solchem obliegenden Aufgaben, also nicht unmittelbar der Verwirklichung eines wesentlichen Staatszweckes dienen, sondern zufällig vom Staat ausgeführt werden, aber auch von Privaten, Gesellschaften, Vereinen usw. ausgeführt werden können (es sei erinnert an Post, Eisenbahn, Universitäten, Schulen, Theater, Gestüte, insbesondere seien noch hervorgehoben die Leistungen privatrechtlicher Art, wie Untersuchungen medizinalpolizeilicher oder hygienischer Art, Nahrungsmitteluntersuchungen, von der Katasterverwaltung auszuführende Messungen, Vermerkungen, Anfertigungen von Karten, Ermittlungen von Grundstückswerten, Aufstellungen von Taxen, von der staatlichen Bauverwaltung anzufertigende Entwürfe)". S. 6 a. a. O. — Gleichgültig ist, ob die betreffenden Amtshandlungen von staatlichen oder von nichtstaatlichen Organen kraft staatlichen Auftrags vorgenommen werden. Auch in dem letzten Falle liegen Staatshoheitshandlungen vor, „leistet" der Staat „dadurch, daß er diesen Amtshandlungen staatliche Autorität verleiht, die sich in deren besonderen Auswirkungen äußert; nur soweit die Tätigkeit der Auftragstelle sich vom Staate herleiten läßt, hat sie die gewünschte Bedeutung für den einzelnen, der sie in Anspruch nimmt". (Vgl. S. 7 a. a. O.)

Ziele des Verwaltungsgebührengesetzes.

Abgesehen von der selbstverständlichen Absicht, dem Staate eine neue Einnahmequelle (bestimmt zur Deckung der Kosten seiner Verwaltungstätigkeit, entsprechend den Gerichtsgebühren, die die Kosten für die Tätigkeit der Gerichte decken sollen) zu schaffen, verfolgt das Gesetz noch weitere Ziele. Das preußische Stempelsteuergesetz enthielt bisher neben Abgaben mit Verkehrssteuercharakter (z. B. Kaufvertrags-, Abtretungs-, Schuldverschreibungsstempel) auch solche von gebührenartigem Charakter (z. B. Zeugnis-, Ausfertigungsstempel), d. h. also Stempel für Amtshandlungen von Behörden. Diese sollen durch die zweckentsprechenderen Verwaltungsgebühren ersetzt werden. Damit erübrigte sich auch ein Ausbau des Stempelsteuergesetzes durch Hinzufügung neuer derartiger Tarifstellen, deren Einführung zur Mehrung der Staatseinnahmen sonst unbedingt erforderlich gewesen wäre. Vgl. Begründung S. 5. (Dahin ging auch eine Entschließung, die der Landtag bei der Beratung der Stempelsteuernovelle von 1923 gemäß dem Antrage seines Rechtsausschusses — vgl. Landtagsdrucksache Nr. 6209 von 1923 zu 2 — angenommen hatte.) Dementsprechend sind nunmehr mit Rücksicht auf die inzwischen erfolgte Einführung von Verwaltungsgebühren durch Gebührenordnungen im Art. II Ziff. 1 der Stempelsteuernovelle vom 21. Oktober 1924 (GS. S. 611; neue Bekanntmachung des ganzen Gesetzes vom 27. Oktober 1924 — S. 627 a. a. O.) alle Gebührenstempel aufgehoben worden. — Ferner will das Gesetz erreichen, daß „grundsätzlich für alle gleichartigen Amtshandlungen, mögen sie von staatlichen oder (auftragsweise) von nichtstaatlichen Stellen ausgehen, eine einzige und gleich hohe Gebühr innerhalb des ganzen Staatsgebietes fällig wird". (Vgl. Begründung S. 88.) Daher das Verbot im § 3 des Gesetzes, daß andere Abgaben irgendwelcher Art neben den staatlichen Verwaltungsgebühren erhoben werden. Als Entschädigung wird den hierdurch benachteiligten Stellen (also insbesondere den Gemeinden und Gemeindeverbändern) eine Beteiligung an dem Gebührenaufkommen zu 50 v. H. gewährt (§ 2 des Gesetzes). Damit zugleich erhalten diese Stellen „in grundsätzlicher und bedeutungsvoller Abweichung von dem bisherigen Verfahren" eine Abfindung für ihre Tätigkeit kraft staatlichen Auftrags. (Vgl. Begründung S. 7.)

Entstehung des Verwaltungsgebührengesetzes.

Der Werdegang des Gesetzes ist kurz folgender. Der zunächst dem Staatsrat vorgelegte Gesetzentwurf fand bei diesem hinsichtlich der Bestimmung über Auftragshandlungen keine Zustimmung. (Vgl. das Gutachten vom 21. 6. 1923, Landtagsdrucksache Nr. 6218 S. 11.) Die Regierung glaubte jedoch, bei ihrem Vorschlage verbleiben zu müssen. (Vgl. Schreiben des Staatsministeriums vom 29. 6. 1923, S. 1 a. a. O.) Der Landtag nahm das Gesetz mit den von seinem Rechtsausschuß vorgeschlagenen nur unwesentlichen Änderungen (vgl. Landtagsdrucksache Nr. 6389) unter dem 10. 7. 1923 an. (Vgl. stenogr. Berichte S. 19116 ff.) Der Staatsrat erhob unter dem 24. 7. 1923 Einspruch gegen das Gesetz, da sein Gutachten in bezug auf den § 2 unbeachtet geblieben sei. (Vgl. Landtagsdrucksache Nr. 6763 S. 4 und Erwiderung des

Staatsministeriums vom 8. 8. 1923, ebenda S. 1.) Bei der nochmaligen Abstimmung über das Gesetz wurde dieses am 13. 9. 1923 vom Landtag mit der nach der Verfassung erforderlichen Zweidrittelmehrheit angenommen. (Vgl. stenogr. Berichte S. 19236 ff.)

Inhalt des Verwaltungsgebührengesetzes.

Das Verwaltungsgebührengesetz stellt ein sog. Rahmengesetz dar, sein Inhalt ist entsprechend kurz. Es schreibt im wesentlichen nur vor, daß Verwaltungsgebühren grundsätzlich für alle in Frage kommenden Amtshandlungen zu erheben sind und die „Erhebung" auf Grund von Gebührenordnungen zu erfolgen hat, die von dem Staatsministerium, bzw. den einzelnen zuständigen Ministern erlassen werden müssen. Diesen ist also die Regelung der Frage überlassen, wofür, in welcher Höhe und in welcher Weise sonst die Gebühren zu erheben sind.

Verwaltungsgebührenordnungen und Ausführungsbestimmungen.

Die demgemäß erlassenen zur Zeit gültigen Gebührenordnungen nebst Ausführungsvorschriften sind nachstehend abgedruckt. Es sind dies insbesondere die vom Staatsministerium erlassene **allgemeine Verwaltungsgebührenordnung** vom 29. 12. 1923 (GS. 1924 S. 1; BesBl. S. 247, 1924 S. 289), die **Ausführungsanweisung** hierzu vom gleichen Tage (BesBl. S. 249, 1924 S. 292) und die **Richtlinien für die Erhebung von Verwaltungsgebühren** (2. **Ausführungsanweisung**) vom 15. 8. 1924 (Bes. Bl. S. 293), ferner die verschiedenen **Sondergebührenordnungen** der Fachminister für die einzelnen Verwaltungszweige.

1. Die **allgemeine Verwaltungsgebührenordnung** enthält einmal *allgemeine Bestimmungen über die Erhebung von Verwaltungsgebühren überhaupt.* Die Gebührenordnung und die hierzu ergangenen oben gen. Ausführungsbestimmungen gelten für alle auf Grund des Verwaltungsgebührengesetzes zu erhebenden Gebühren, soweit nicht in den Sondergebührenordnungen Abweichendes bestimmt wird (§ 14); solche abweichenden Bestimmungen sind hier nur in geringem Maße enthalten, so daß die allgemeine Verwaltungsgebührenordnung als die wesentliche Grundlage für das gesamte Staatsverwaltungsgebührenrecht anzusehen ist, ihre Bestimmungen also regelmäßig auch

dann anzuwenden sind, wenn es sich um irgendeine Gebühr einer staatlichen Sondergebührenordnung handelt. Ferner enthält die allgemeine Verwaltungsgebührenordnung einen kurzen Tarif allgemeiner Art; auch er ist in allen Verwaltungszweigen anzuwenden, soweit nicht in Sondergebührenordnungen andere Gebühren für die betreffenden Amtshandlungen festgesetzt sind oder Gebührenfreiheit angeordnet ist (§ 15).

2. Die wichtigsten Sondergebührenordnungen sind die Gebührenordnungen:

a) für Angelegenheiten der Justizverwaltung vom 26. 3. 1924 (nebst Nachtrag),
b) des Preuß. Ministeriums des Innern vom 25. 4. 1923 (nebst mehreren abändernden Nachträgen),
c) für die Handels- und Gewerbeverwaltung vom 26. 5. 1924,
d) für die Medizinalverwaltung vom 12. 7. 1924,
e) Berggebührenordnung vom 24. 10. 1924.

Mit den bisher erlassenen Gebührenordnungen dürfte eine gewisse abschließende Regelung erreicht sein, so daß eine — besonders für den Gebrauch bei den Behörden verwendbare — Zusammenstellung aller Gebührenvorschriften, vor allem der Gebührenordnungen selbst (die gemäß § 16 der allgemeinen Verwaltungsgebührenordnung in der Gesetzsammlung, bzw. in den verschiedenen Ministerialblättern veröffentlicht worden sind) am Platze erscheint, um dem zur Zeit bestehenden Mangel an Übersichtlichkeit abzuhelfen. Die einzelnen Ziffern der „Ausführungsanweisung" und der „Richtlinien" — beide auch nicht unwesentlich auslegender Natur — sind hinter den betreffenden §§ der allgemeinen Verwaltungsgebührenordnung, die einzelnen Sondergebührenordnungen mit den dazu gehörigen Bestimmungen anschließend nach der Zeitfolge abgedruckt. Ein ausführliches Sachregister ist beigefügt.

Berlin, im Dezember 1924.

Dr. Eiffler.

I.

Gesetz über staatliche Verwaltungsgebühren.

Vom 29. September 1923.

(Gesetzsamml. S. 455.)

Der Landtag hat folgendes Gesetz beschlossen:

§ 1.[1])

(1) Für einzelne auf Veranlassung der Beteiligten vorgenommene Amtshandlungen staatlicher Organe, die im wesentlichen im Interesse einzelner erfolgen, werden Verwaltungsgebühren für die Staatskasse erhoben. Die Erhebung [2]) erfolgt auf Grund von Gebührenordnungen (§ 4).

(2) Gebührenfrei sind solche Amtshandlungen, die überwiegend im öffentlichen Interesse erfolgen, und der mündliche Verkehr. Gebühren werden nicht erhoben beim Verkehre der Behörden untereinander, es sei denn, daß sie einem Dritten als Veranlasser zur Last zu legen sind.

Anm. [1]) Zu vgl. die aVGO., wo die gleichen Bestimmungen aufgenommen worden sind, sowie die Ausführungsbestimmungen hierzu nebst Anmerkungen (S. 19 ff.).

[2]) Die GO. regeln also alle Fragen der „Erhebung", d. h. die Fragen, wofür, in welcher Höhe, von wem und in welcher Weise sonst die Gebühren zu erheben sind. (Vgl. Einleitung S. 13.) Auch im übrigen bieten die Gebührenordnungen Gelegenheit, etwaige Zweifelsfragen zu klären, so gegebenenfalls die Frage, ob ein gebührenpflichtiger Fall des § 1 oder des § 2 vorliegt. Begr. S. 9.

§ 2.[1])

Die Bestimmung des § 1 gilt auch für die kraft staatlichen Auftrags vorgenommenen Amtshandlungen von nichtstaatlichen Organen. Fünfzig vom Hundert der hierfür erhobenen Gebühren fließen in die Kasse derjenigen Stelle, deren Organ die gebührenpflichtige Amtshandlung vorgenommen hat.

Anm. [1]) Vgl. Anm. 1 zu § 1.

§ 3.[1])

(1) Soweit auf Grund dieses Gesetzes die Erhebung einer Gebühr oder Gebührenfreiheit vorgeschrieben ist, wird die Erhebung von anderweitigen Gebühren ausgeschlossen, insbesondere auch die Erhebung von Gebühren nach § 6 des Kommunalabgabengesetzes vom 14. Juli 1893 (Gesetzsamml. S. 152) und §§ 4 und 24 des Kreis- und Provinzialabgabengesetzes vom 23. April 1906 (Gesetzsamml. S. 159), beide in der Fassung des Gesetzes vom 26. August 1921 (Gesetzsamml. S. 495), sowie die Erhebung von Sporteln und ähnlichen Abgaben, gleichviel ob sie auf Gesetz, Verordnung oder Herkommen beruhen.

(2) Das Entsprechende gilt für die Erhebung der Stempelsteuer. Inwieweit die Erhebung einer Stempelsteuer neben der Gebühr ganz oder teilweise ausgeschlossen wird, wird durch die vom Staatsministerium oder von den zuständigen Ministern gemäß § 4 zu erlassenden Gebührenordnungen bestimmt.

(3)[2]) Werden bei der Vornahme einer Amtshandlung besondere bare Auslagen notwendig, so kann deren Erstattung auch neben der Zahlung einer Gebühr verlangt werden. Dies gilt auch beim Verkehre der Behörden untereinander.

Anm. [1]) Vgl. Anm. 1 zu § 1.

[2]) Nach § 13 aVGO. (vgl. S. 42) „sind" die baren Auslagen grundsätzlich zu erstatten; gemildert wird diese Vorschrift durch Ziff. XI RL. (vgl. S. 44).

§ 4.

(1) Die Gebührenordnungen (§ 1) erläßt das Staatsministerium[1]). In denjenigen Angelegenheiten, die eine gleichmäßige Regelung für alle Geschäftsbereiche nicht erfordern, übt diese Befugnis jeder Minister für seinen Geschäftsbereich aus. Eine Übertragung der Befugnis auf nachgeordnete Stellen in besonderen Fällen ist zulässig. Soweit nicht hiernach der Finanzminister selbst zuständig ist, ist sein Einverständnis erforderlich.

(2) Die Gebühren sollen unter Berücksichtigung der Kosten des betreffenden Verwaltungszweiges festgesetzt werden[2]).

(3) Die Gebührenordnungen sind nach näherer Anordnung des Staatsministeriums zu veröffentlichen[3]).

(4) Jede Gebührenordnung ist dem Landtage zur Kenntnisnahme vorzulegen und muß auf dessen Verlangen wieder aufgehoben werden[4]).

Anm. [1]) Das Staatsministerium hat bisher nur die aVGO. vom 29. 12. 1923 erlassen. Vgl. S. 19. Im übrigen sind die Gebührenordnungen von den einzelnen zuständigen Ministern erlassen worden.

[2]) Diese Bestimmung ist nur für den Erlaß der Gebührenordnungen von Bedeutung, nicht für die Gebührenfestsetzung im Einzelfall auf Grund einer GO.

[3]) Diese Anordnung ist in § 16 aVGO. (vgl. S. 46) getroffen worden.

[4]) In dem Rechte, die Aufhebung einer GO. zu verlangen, ist auch das mindere Recht enthalten, eine Abänderung der GO. zu fordern. Vgl. stenogr. Berichte, 1923 S. 19118.

§ 5.

Die Minister sind befugt, innerhalb ihrer Zuständigkeit von der Erhebung von Gebühren im Einzelfalle oder für Fälle bestimmter Art aus sachlichen oder persönlichen Billigkeitsgründen ganz oder zum Teil abzusehen und diese Befugnis auf nachgeordnete Stellen[1]) zu übertragen[2]); soweit es sich nicht um einen Gebührenerlaß im Einzelfalle handelt, ist das Einverständnis des Finanzministers erforderlich.

Anm. [1]) Soweit eine Übertragung erfolgt ist, kann die nachgeordnete Stelle selbst über einen etwaigen Antrag auf Herabsetzung, oder Erlaß einer Gebühr entscheiden; anderenfalls hat sie ihn an den zuständigen Minister weiterzugeben. Glaubt der Pflichtige besondere Billigkeitsgründe für eine Herabsetzung usw. geltend machen zu können, so genügt es daher in jedem Falle, einen dahingehenden Antrag an die die Gebühr festsetzende Behörde zu richten. — Die Herabsetzung oder der Erlaß ist aber nicht durch einen derartigen Antrag — es sei denn, daß ein solcher ausdrücklich vorgeschrieben ist — bedingt, sondern kann auch von Amtswegen vorgenommen, bzw. herbeigeführt werden.

[2]) Von dieser Übertragungsbefugnis ist bisher nur wenig Gebrauch gemacht worden. Der wichtigste Fall der Übertragung ist der des § 4 aVGO., wonach die für die Gebührenfestsetzung zuständige Behörde befugt ist, die Gebühr im Falle nachgewiesener Bedürftigkeit des Pflichtigen auf Antrag herabzusetzen oder zu erlassen. Diese Bestimmung gilt für alle auf Grund des VGG. zu erhebenden Gebühren, mögen sie in der aVGO. oder in einer der Sondergebührenordnungen (vgl. Einleitung S. 13, 14) vorgeschrieben sein. Vgl. § 14 aVGO. (S. 45). Eine hiervon abweichende Bestimmung ist in keiner der Sondergebührenordnungen getroffen worden.

§ 6.

Die Entrichtung der Gebühren kann nach näherer Anordnung des Finanzministers durch Verwendung von Gebührenmarken erfolgen[1]).

Anm. [1]) Bisher hat der FM. noch keine derartige Anordnung getroffen.

§ 7[1]).

Gegen die Erhebung einer Gebühr findet die Beschwerde im Aufsichtswege statt, sofern nicht gesetzlich eine andere Regelung getroffen ist. Die näheren Verfahrensvorschriften erläßt erforderlichenfalls das Staatsministerium.

Anm. 1) Vgl. § 12 aVGO. (S. 42).

§ 8.

(1) Dieses Gesetz findet auch Anwendung im Falle des § 124 des Gesetzes über die allgemeine Landesverwaltung vom 30. Juli 1883 (Gesetzsamml. S. 195), des § 45 des Verwaltungsstrafgesetzes vom 26. Juli 1897 (Gesetzsamml. S. 237) und des § 43 Abs. 1 und 4 des Gesetzes über die Enteignung von Grundeigentum vom 11. Juni 1874 (Gesetzsamml. S. 221).

(2) Der § 140 des Preußischen Gerichtskostengesetzes vom 28. Oktober 1922 (Gesetzsamml. S. 363) in der Fassung des Gesetzes vom 12. April 1923 (Gesetzsamml. S. 107) erhält folgende Fassung:

> **Die Erhebung von Gebühren in Angelegenheiten der Justizverwaltung erfolgt auf Grund des Gesetzes über staatliche Verwaltungsgebühren vom 29. September 1923 (Gesetzsamml. S. 455).**

Den Zeitpunkt des Inkrafttretens dieser Vorschrift bestimmt der Justizminister im Einverständnisse mit dem Finanzminister[1]).

(3)[2]) Im übrigen können die Vorschriften dieses Gesetzes in Abweichung von sonstigen Bestimmungen über Gebühren, insbesondere auch von solchen, durch die Gebührenfreiheit bisher angeordnet war, Anwendung finden[3]). Dies gilt auch für das Verwaltungsstreitverfahren.

Anm. 1) Die Vorschrift ist laut V. des JM. vom 2. 3. 1924 (JMBl. S. 189) mit dem 1. 4. 1924 in Kraft getreten.

2) Abs. 3 in der Neufassung nach § 15 der Goldabgabenordnung vom 18. 1. 1924 (GS. S. 40).

3) Es bedarf also einer ausdrücklichen Anordnung in der vom VGG. vorgeschriebenen Art, d. h. einer GO. gemäß § 4, wenn von einer bestehenden Gebührenvorschrift abgewichen, insbesondere wenn eine in einem Gesetz vorgesehene Gebührenfreiheit im Einzelfall nicht gewährt werden soll. Vgl. Ziff. 21 RL. (S. 30).

II.

Verwaltungsgebührenordnungen.

I.

a. Allgemeine Verwaltungsgebührenordnung vom 29. Dezember 1923

(GS. 1924 S. 1; BesBl. 1923 S. 247, 1924 S. 289)

nebst

b. Ausführungsanweisung vom 29. Dezember 1923.

(BesBl. 1923 S. 249, 1924 S. 292).

und

c. Richtlinien zur allgemeinen Verwaltungsgebührenordnung v. 29. 12. 1923 (2. Ausführungsanweisung) vom 15. August 1924

(BesBl. S. 289).

(Die einzelnen Ziffern der zu b und c genannten Bestimmungen sind, da sie im wesentlichen auslegender Natur sind, hinter den betreffenden §§ der allgemeinen Verwaltungsgebührenordnung, die Rechnungsvorschriften der Ausführungsanweisung (Ziff. 10) hinter dem Tarif der allgemeinen Verwaltungsgebührenordnung abgedruckt.)

Allgemeine Verwaltungsgebührenordnung.

Auf Grund des § 4 Abs. 1 des Gesetzes über staatliche Verwaltungsgebühren vom 29. September 1923 (GS. S. 455) wird folgendes verordnet:

§ 1.

(1) Für einzelne Amtshandlungen, die auf Veranlassung der Beteiligten von staatlichen Organen oder kraft staatlichen Auftrags von nichtstaatlichen Organen vorgenommen werden, werden Verwaltungsgebühren nach Maßgabe dieser Verordnung oder besonderer von den zuständigen Ministern erlassener Verordnungen erhoben.

(2) Die Gebühren fließen in die Staatskasse, fünfzig vom Hundert von den für Auftragshandlungen erhobenen Gebühren in die Kasse derjenigen Stelle, deren Organ die Amtshandlung vorgenommen hat.

(3) Soweit die Erhebung einer Gebühr oder Gebührenfreiheit ausdrücklich auf Grund des Gesetzes über staatliche Verwaltungsgebühren vorgeschrieben ist, wird die Erhebung von anderweitigen Gebühren ausgeschlossen. Inwieweit die Erhebung einer Stempelsteuer ausgeschlossen ist, wird durch die gemäß § 4 des Gesetzes erlassenen Gebührenordnungen bestimmt[1]).

Anm. [1]) Diese Bestimmung ist jetzt im wesentlichen bedeutungslos geworden, nachdem durch Art. II Ziff. 1 des Gesetzes zur Änderung des LStG. vom 21. 10. 24 (GS. S. 611) alle Tarifstellen mit Gebührencharakter (z. B. Ausfertigungs-, Paß-, Zeugnisstempel) aufgehoben worden sind. Es gibt also im LStG. keine Stempel mehr für Amtshandlungen von Behörden. Nur die nach dem Wassergesetz vom 7. 4. 13 (GS. S. 53) zu erhebenden Stempel sind noch nicht aufgehoben, auch noch nicht durch VG. ersetzt worden; ihre Aufhebung durch eine VGO. kommt also noch in Betracht. Vgl. Einleitung S. 12

A. A.

1. Zu § 1 Abs. 1. Gebührenpflichtig ist die Amtshandlung, die der einzelne Private erstrebt, und zwar in ihrer Vollendung, nicht jede einzelne amtliche Tätigkeit, die der betreffenden Amtshandlung vorhergeht, also z. B. die Erteilung einer Genehmigung, die Ausstellung eines Zeugnisses, eines Passes, nicht etwa die vor der Erteilung oder Ausstellung zu treffenden Feststellungen über die Person des Antragstellers usw. Hierfür darf weder eine staatliche, noch eine andere (z. B. kommunale) Gebühr erhoben werden (§ 1 Abs. 3).

R. L.

1. Zu § 1.

1. Einer Verwaltungsgebühr unterliegen nur Hoheitshandlungen, d. h. Amtshandlungen, die Ausfluß staatlicher Hoheitsrechte sind, also nicht die Handlungen privatrechtlichen Charakters, wie Veräußerung, Verpachtung, Verwaltung, Verwertung von Staatseigentum und ähnliche mit der privatwirtschaftlichen Tätigkeit der Staatsverwaltung zusammenhängende Amtshandlungen [1]) [2]). Von den Verwaltungsgebühren sind zu unterscheiden die Benutzungsgebühren (in bezug auf öffentliche Anlagen und Anstalten) und Leistungsvergütungen [3]) (für Leistungen z. B. gewerblicher, künstlerischer, technischer Art, die nicht notwendig zur Erfüllung der dem Staate als solchem ob-

liegenden Aufgaben dienen, sondern zufällig vom Staat ausgeführt werden und auch von Privaten, Gesellschaften usw. ausgeführt werden können) [4]).

2. Auftragsangelegenheiten sind unmittelbare Staatsaufgaben deren Ausführung nach Anweisung kommunalen Organen [5]) durch besonderen Auftrag übertragen ist. Beispielsweise ist Auftragsangelegenheit die gesamte Polizeiverwaltung und die Tätigkeit der Standesbeamten. Gleichgestellt den Auftragshandlungen ist nach Abschnitt I § 1 Abs. 2 der Verwaltungsgebührenordnung des Ministeriums des Innern von 25. 4. 1924 (M. Bl. i. V. S. 481) [6]) das Verwaltungsstreit- und Beschlußverfahren, soweit dabei kommunale Organe als Behörden der allgemeinen Landesverwaltung tätig werden [7]) [8]).

3. Da nur die erstrebte Amtshandlung in ihrer Vollendung gebührenpflichtig ist (A. A. Ziff. 1), so dürfen für vorbereitende Amtshandlungen, auch wenn sie von anderen, nicht unmittelbar beteiligten Stellen vorgenommen werden, keine besonderen Gebühren erhoben werden. Gebührenpflichtig sind also nicht die Amtshandlungen, die von einer Behörde im Wege der Verwaltungshilfe auf Ersuchen einer anderen vorgenommen werden. Dagegen ist Gebührenpflicht für die als Endziel von dem einzelnen erstrebte Amtshandlung einer Behörde (z. B. Ausstellung des Wandergewerbescheins) gegeben, die auf unmittelbares Ersuchen einer anderen Behörde, aber mittelbar auf Veranlassung eines einzelnen in dessen Privatinteresse vorgenommen wird.

4. Zwischenbescheide, die in einer an sich gebührenpflichtigen Angelegenheit ergehen, werden von der für die endgültig erstrebte Amtshandlung fälligen Gebühr mitumfaßt, sind daher keiner besonderen Gebühr unterworfen. Eine damit verbundene besondere Mühewaltung wird gegebenenfalls bei der Festsetzung der Gebühr (Rahmengebühr) zu berücksichtigen sein. Gebührenfrei sind auch Mitteilungen wie die, daß die Angelegenheit (etwa mit Rücksicht auf inzwischen eingetretene veränderte Umstände) als erledigt angesehen werde, soweit nicht § 10 aVGO. anzuwenden ist.

5. Für Staatsprüfungen (Examina) werden Gebühren nur erhoben, soweit solche hierfür besonders festgesetzt sind. Als durch die Prüfungsgebühr gedeckt sind anzusehen, soweit nicht in Sondergebührenordnungen anderes bestimmt ist, die mit der

Prüfung und ihrem Abschluß im Zusammenhang stehenden Amtshandlungen, wie Zulassung zur Prüfung, Zwischenbescheide, Fristverlängerungen, Ausstellung des Prüfungsszeugnisses, Zulassung zur Ausbildung im Staatsdienst, Ernennung, Vereidigung.

6. Gebührenpflicht besteht nicht, wenn auf eine Eingabe ein nicht notwendiger Bescheid erteilt wird, der von den Beteiligten nicht verlangt oder erwartet wird, dessen Erteilung aber für zweckmäßig gehalten wird [9]).

7. Wenn eine Angelegenheit im Einzelfall von einer Behörde einer nachgeordneten zur Erledigung überwiesen wird („zur weiteren Veranlassung" oder „zur Verfügung übersandt"), bleibt die Gebührenfestsetzung dieser Stelle nach Maßgabe der für sie geltenden Gebührenvorschriften überlassen, sofern nicht Veranlassung für die überweisende Stelle vorliegt, Bestimmung über die Höhe der anzusetzenden Gebühr selbst zu treffen.

8. Die Gebühr ist von demjenigen zu entrichten, der die gebührenpflichtige Amtshandlung veranlaßt hat. Veranlasser ist jeder, der durch sein Ansuchen die Tätigkeit einer Behörde in Bewegung setzt, sie zu ihr bestimmt, wozu es eines ausdrücklichen Antrages (o. dgl.) nicht bedarf, mag es sich um einen einzelnen Privaten, eine Mehrheit von solchen (z. B. Erbengemeinschaft) oder eine juristische Person handeln.

9. Kommen mehrere Veranlasser einer einheitlichen Amtshandlung in Frage (z. B. A, B und C erbitten gemeinsam eine Auskunft), dann ist nur eine einmalige Gebühr zu erheben, für die sämtliche Veranlasser in voller Höhe haften. Wird von jedem der Antragsteller gemeinsam die Vornahme je einer besonderen Amtshandlung verlangt (z. B. A, B und C beantragen in einem Schreiben die Ausstellung eines Passes für jeden von ihnen), dann ist die Verbindung der Anträge eine rein äußerliche und ohne Einfluß auf die Gebührenpflicht des einzelnen Antragstellers.

10. Wenn nach Vorstehendem als Veranlasser auch anzusehen ist, wer in Vollmacht oder Vertretung eines anderen handelt, so wird es von der Prüfung im Einzelfall abhängen, ob die Gebühr zweckmäßigerweise von dem Bevollmächtigten (Vertreter) oder unmittelbar von dem Vollmachtgeber (Vertretenen) zunächst zu fordern ist. Von denjenigen, die berufsmäßig andere vertreten, wie Rechtsanwälte und Notare, soll in der Regel die Gebühr

nicht eingezogen werden; wohl aber kann an sie die Aufforderung zur Entrichtung der Gebühr durch den Vertretenen unter Fristsetzung zur Vermeidung der Zwangsvollstreckung ergehen; die Vollstreckung gegen den Vollmachtgeber soll erst erfolgen, nachdem auch dieser persönlich zur Zahlung unter Fristsetzung zur Vermeidung der Zwangsvollstreckung aufgefordert worden ist.

Anm. 1) Vgl. E. des LM. vom 4. und 30. 4. 1924 auf S. 66, 67.

2) Daher sind auch nicht gebührenpflichtig die im Verkehr mit den Rentenpflichtigen und den Rentenbriefgläubigern als solchen sich ergebenden Amtshandlungen der Direktionen der Rentenbanken (E. des FM. vom 17. 11. 1924/I. A. 1. 4999). Im übrigen kommt für ihre Amtshandlungen eine Gebührenerhebung nach der aVGO. in Frage; der § 54 des Rentenbankgesetzes vom 2. 3. 1850 schließt die Gebührenerhebung nicht aus (E. des FM. vom 7. 1. 1924/I. A. 1. 4346/23).

3) Die Erhebung derartiger Benutzungsgebühren und Leistungsvergütungen regelt sich also nicht nach dem VGG. und den auf Grund dieser ergangenen Vorschriften. Die Gebührenfreiheit der Behörden nach § 2 Ziff. 1 aVGO. steht dem nicht im Wege, daß auch ihnen gegenüber diese Gebühren und Vergütungen in Ansatz gebracht werden. Begr. S. 6.

4) Vgl. Einleitung S. 11.

5) Nebenamtliche Schulräte (Kreisschulräte) sind in staatlichen Schulaufsichtsangelegenheiten als staatliche Organe tätig. Die von ihnen in dieser Amtseigenschaft erhobenen Gebühren fließen also voll in die Staatskasse. (E. des M. f. W. vom 23. 7. 1924/U. III. B. 1077 A.)

Desgleichen entscheidet der Landrat über einen Genehmigungsantrag auf Grund der Bek. über den Verkehr mit landwirtschaftlichen Grundstücken vom 15. 3. 1918 (RGBl. S. 123) als staatliches Organ, nicht als Vorsitzender des Kreisausschusses. (E. des LM. vom 29. 9. 1924/I 5838 VI.) Vgl. die GO. vom 9. 7. 1924 auf S. 134.

6) Vgl. S. 94.

7) Auftragsangelegenheit ist auch die Tätigkeit der nach der V. vom 13. 7. 1923 (RGBl. S. 723) gebildeten örtlichen Preisprüfungsstellen. E. des LM. (Staatskommiss. für Volksernährung) vom 1. 2. 1924/St. K. 366.

Desgleichen handelt der Landrat als Vorsitzender des Kreisausschusses bei der Genehmigung oder Versagung der Genehmigung zum Grundstückswechsel auf Grund des Grundstücksverkehrsgesetzes vom 10. 2. 1923 (GS. S. 25) in Ausführung einer ihm übertragenen staatlichen Aufgabe. (E. des FM. vom 4. 1. 1924/I. E. 1. 8426; II. C. 4401.) Vgl. die GO. vom 15. 11. 1924 auf S. 163.

8) Keine Auftragsangelegenheit, sondern Selbstverwaltungsangelegenheit ist die Durchführung des Hebammengesetzes vom 20. 7. 1922 (z. B. Erteilung der Niederlassungsgenehmigung). E. des M. f. V. vom 17. 9. 1924/I. M. II. 1498.

9) Z. B. wenn jemand Anregungen allgemeiner Natur gibt und ihm hierauf ein Bescheid erteilt wird. Vgl. R. L. Ziff. 13 (S. 28).

§ 2.

Gebührenfrei sind:

1. Amtshandlungen, die überwiegend im öffentlichen Interesse erfolgen[1][2]), insbesondere Amtshandlungen, die durch Behörden[3]) veranlaßt werden[4]), es sei denn, daß die Gebühr einem Dritten als mittelbarem Veranlasser zur Last zu legen ist;

2. der mündliche Verkehr[5]);

3. alle Angelegenheiten in Gnadensachen, sofern nicht ihre Verfolgung als mutwillig anzusehen ist.

§ 3.

Diejenigen Personen, Anstalten usw., die nach § 5 Abs. 1 bis 4 des Stempelsteuergesetzes v. 31. Juli 1895/26. Juni 1909 in der Fassung des Gesetzes vom 25. Juli 1923 (GS. S. 341)[6]) von der Entrichtung der Stempelsteuer befreit sind, sind unter den dort genannten Voraussetzungen auch von der Entrichtung von Verwaltungsgebühren befreit.

Anm. 1) Beispiele für solche gebührenfreie Amtshandlungen:

a) Die Förderung des Baues von Landarbeiterwohnungen aus Mitteln der Erwerbslosenfürsorge (E. des M. f. V. vom 6. 7. 23/III. R. I. 2130 — I. B. I. b. 13093) geschieht überwiegend im öffentlichen Interesse. Amtshandlungen dieser Art sind daher gebührenfrei (E. des M. f. V. vom 17. 5. 1924/III. R. I. 1138).

b) Die Erledigung der Anfrage eines Krankenkassenverbandes, wie gewisse bei der Gemeindelast anzurechnende Leistungen der Krankenkassen zu berechnen sind (E. des M. f. V. vom 19. 7. 1924/III. V. 1363).

c) Vgl. Anm. 3 zu T. Nr. 3 der GO. für die Medizinalverwaltung (S. 150).

2) Dagegen sind die überwiegend im Privatinteresse erfolgenden Amtshandlungen gebührenpflichtig, z. B.:

a) Genehmigung von Zuchtviehauktionen (E. des FM. vom 5. 6. 1924/II. C. 1249);

b) in der Regel Amtshandlungen, die die Förderung des Baues von Klein- und Mittelwohnungen mit Landesdarlehen, Hauszinssteuerhypotheken usw. betreffen (E. des M. f. V. vom 7. 7. 1924/II. 13. 2089);

c) Bescheinigungen für Kleingärtner zwecks Erlangung von Fahrpreisermäßigung (E. des LM. vom 28. 10. 1924/I. 5840).

3) a) Gemeint sind nur die von deutschen, wenn auch nichtpreußischen Behörden veranlaßten Amtshandlungen (vgl. unten Ziff. 11 RL.). — Dazu gehören auch die Kirchenbehörden. (Begr. S. 6.)

b) Bez. der von ausländischen Behörden erbetenen Standesurkunden bestimmt der E. des M. d. J. und FM. vom 24. 9. 1924/I e 355; II. C. 2247 (M. Bl. i. V. S. 960):

Nach § 16 des Personenstandsges. i. d. Fass. v. 8. 3. 1923 (RGBl. S. 167) und v. 14. 2. 1924 (RGBl. S. 116) sind aus dem Standesregister Auszüge und Scheine in amtlichem Interesse gebührenfrei zu erteilen. Auch die Beglaubigungen (Legalisationen), welche solchen Urkunden für den Verkehr im Ausland angefügt werden, sind nach § 2 und T. Nr. 4 aVGO. gebührenfrei, wenn sie überwiegend im öffentlichen Interesse erfolgen, insbesondere, wenn sie durch „Behörden" veranlaßt sind. Eine Gebührenpflicht aber besteht nach den beiden Gesetzen, wenn ein Dritter als mittelbarer Veranlasser erkennbar ist und somit in Wahrheit ein amtliches Interesse nicht vorliegt.

An sich fallen zwar unter „Behörden" im Sinne von § 2 Ziff. 1 aVGO. ausländische Behörden nicht. Einer Behörde des Auslandes, die um einen Registerauszug oder um einen Schein in amtlichem Interesse ersucht, kann aber dann Gebührenfreiheit zugestanden werden, wenn die Behörden dieses Staates insoweit Gegenseitigkeit üben. Mit der Republik Polen besteht ein entsprechendes Übereinkommen, wie aus dem Runderl. des M. d. I. vom 18. 1. 1921 / I e 3 (nicht veröffentlicht) ersichtlich ist. Von den Behörden anderer Staaten des Auslands können die preußischen Behörden Übung der Gegenseitigkeit erwarten, solange ihnen nicht das Gegenteil aus der eigenen Geschäftstätigkeit oder aus einem allgemeinen Erlasse bekannt geworden ist. (Zurzeit verweigert allein die Sowjetrepublik Rußland die Gegenseitigkeit.) Bis auf weiteres haben also die Standesbeamten einem ordnungsmäßig an sie gelangten Ersuchen einer ausländischen Behörde um kostenfreie Ausstellung eines Registerauszugs oder eines Scheines im amtlichen Interesse zu entsprechen, und ebenso haben die Aufsichtsbehörden für die Beglaubigung der Unterschrift in solchem Falle eine Gebühr nicht zu erheben.

c) Der vorstehende E. vom 24. 9. 1924 findet sinngemäß auch für alle übrigen Beglaubigungen von Unterschriften von Behörden der inneren Verwaltung Anwendung, die von ausländischen Behörden erbeten werden. Vgl. E. des M. d. J. und FM. vom 11. 10. 1924/I d 845 V; II. C 2698 (M. Bl. i. V. S. 1005), wo es weiter heißt:

... Es wird danach künftig auch in solchen Fällen grundsätzlich davon auszugehen sein, daß, solange von den ausländischen Staaten Gegenseitigkeit verbürgt ist (zurzeit verweigert allein die Sowjetrepublik Rußland die Gegenseitigkeit), von der Erhebung einer Gebühr im amtlichen Verkehr mit ausländischen (Konsular-)Behörden stets abzusehen ist.

Hat ein Dritter das Ersuchen der ausländischen Behörde veranlaßt, so daß in Wahrheit ein amtliches Interesse nicht vorliegt, so können die Voraussetzungen für den Verzicht auf VG. solange als vorliegend erachtet werden, als nicht aus der Geschäftstätigkeit der Auslandsbehörde oder aus anderem Anlasse bekannt wird, daß der ausländische Staat die Gegenseitigkeit verweigert.

[4]) Z. B. die auf Veranlassung von Reichsbehörden erfolgende Ausstellung von Wohnerlaubnisscheinen für Mitglieder ausländischer Kommissionen (E. des M. f. V. vom 6. 11. 1924/II. 7. 1374).

[5]) Der Anspruch auf Gebührenfreiheit ist also nicht gegeben, wenn z. B. ein mündlich gestellter Antrag schriftliche Erledigung findet.

[6]) Jetzt LStG. vom 27. 10. 1924 (GS. S. 627), wo die gen. Bestimmungen lauten:

§ 5.

Persönliche Stempelsteuerbefreiungen.

(1) Von der Entrichtung der Stempelsteuer sind befreit:

a) der Fiskus des Deutschen Reichs und des Preuß. Staates und alle öffentlichen Anstalten und Kassen, welche für Rechnung des Reichs oder des Preuß. Staates verwaltet werden oder diesen gleichgestellt sind;

b) deutsche Kirchen und andere deutsche Religionsgesellschaften, denen die Rechte juristischer Personen zustehen;

c) öffentliche Armen-, Kranken-, Arbeits- und Besserungsanstalten, ferner öffentliche Waisenhäuser, vom Staate genehmigte Hospitäler und andere Versorgungsanstalten, ferner vom Staate genehmigte Vereine für die Kleinkinderbewahranstalten sowie Stiftungen, welche als milde ausdrücklich anerkannt sind;

d) öffentliche Schulen, Universitäten und Hochschulen, die juristische Personen des öffentlichen Rechtes sind, sowie als ausschließlich gemeinnützig anerkannte Forschungsanstalten;

e) Gemeinden (Gutsbezirke) und Verbände von solchen in Kirchen-, Schul- und Armen- sowie Fürsorgeangelegenheiten im Sinne der Verordnungen über die Fürsorgepflicht vom 13. Februar 1924 (RGBl. I S. 100) und über Erwerbslosenfürsorge vom 16. Februar 1924 (RGBl. I S. 127);

f) Körperschaften des öffentlichen Rechtes in Angelegenheiten, welche die Schaffung gesunder Kleinwohnungen für Minderbemittelte betreffen, sowie Vereinigungen, deren durch die Satzungen bestimmter Zweck mittelbar oder unmittelbar darauf gerichtet ist, Minderbemittelten gesunde und zweckmäßig eingerichtete Wohnungen in eigens erbauten oder angekauften Häusern zu billigen Preisen zu verschaffen, wenn die Verteilung des Reingewinns satzungsgemäß auf eine Verzinsung von höchstens fünf vom Hundert des Goldwerts der Einlagen beschränkt ist, bei Auslosungen, Ausscheiden eines Mitglieds und für den Fall der Auflösung der Vereinigung den Mitgliedern nicht mehr als der Goldwert der von ihnen eingezahlten Beträge zugesichert ist und der etwaige Rest des Vermögens für gemeinnützige Zwecke bestimmt ist. Für die Errechnung der Goldwerte gelten die vom Reichsminister der Finanzen auf Grund des Art. XIX § 1 Abs. 1 der Zweiten Steuernotverordnung vom 19. Dezember 1923 (RGBl. I S. 1205) erlassenen Bestimmungen. Darüber, ob die Befreiung den genannten Vereinigungen zu bewilligen ist, wird vom Finanzminister und Justizminister gemeinschaftlich entschieden.

Sofern eine dieser Vereinigungen ihre Satzungen und damit zugleich oder nur tatsächlich ihren Zweck in der Weise ändert, daß die vorstehend angegebenen Voraussetzungen nicht mehr zutreffen, können alle Stempelbeträge, die mangels einer Befreiung fällig geworden sein würden, nachträglich binnen Jahresfrist eingefordert werden.

Auf Stiftungen finden diese für Vereinigungen geltenden Vorschriften entsprechende Anwendung.

g) Unternehmen zur Förderung des Kleingartenwesens, die auf Grund des § 5 des Gesetzes v. 31. Juli 1919 (RGBl. S. 1371) als gemeinnützig anerkannt sind, und Körperschaften oder Anstalten des öffentlichen Rechtes bei Erfüllung der ihnen durch das erwähnte Gesetz zugewiesenen Aufgaben.

(2) Dem Fiskus anderer Staaten als des Deutschen Reichs und des Preuß. Staates sowie den öffentlichen Anstalten und Kassen, die für Rechnung eines solchen anderen Staates verwaltet werden oder diesen gleichgestellt sind, und den Chefs der bei dem Deutschen Reiche oder bei Preußen beglaubigten Missionen kann die Stempelsteuerbefreiung gewährt werden, wenn der betreffende Staat Preußen gegenüber die gleiche Rücksicht übt.

(3) In den Fällen zu c bis g erstreckt sich die Stempelsteuerbefreiung nur auf inländische Anstalten, Stiftungen, Vereine usw. Diese Befreiung kann jedoch auch ausländischen Anstalten, Stiftungen, Vereinen usw. gewährt werden, wenn der auswärtige Staat Preußen gegenüber die gleiche Rücksicht übt.

(4) Die außerdem gewissen Personen, Behörden, Gesellschaften, Anstalten, Stiftungen, Vereinen usw. durch frühere Gesetze oder landesherrliche Privilegien bewilligten Steuerbefreiungen bleiben auch fernerhin in Kraft.

A. A.

2. Zu § 2 Ziff. 1. Die überwiegend im öffentlichen Interesse erfolgenden Amtshandlungen sind gebührenfrei. Ein überwiegendes Privatinteresse, durch das die Gebührenpflichtigkeit bedingt wird, ist dann anzunehmen, wenn vom Staate eine Einrichtung zwar im ausschließlichen Interesse der Allgemeinheit getroffen worden ist, ihre Inanspruchnahme aber durch den Einzelnen in dessen Interesse erfolgt. Es sei z. B. auf die Bestimmungen verwiesen, die eine staatliche Prüfung und eine daraufhin erteilte staatliche Genehmigung erfordern, ohne die andererseits die Erlangung gewisser Rechte oder Befugnisse nicht möglich ist; hier liegt die Einführung des Genehmigungszwanges im Interesse der Allgemeinheit und erfolgt die Erteilung der Genehmigung zugunsten des einzelnen [1]).

Anm. [1]) Vgl. die in bezug auf das Stempelsteuerrecht ergangene Entscheidung des RG. vom 16. 6. 1905 (Bd. 61 S. 117), wo im letzten Absatz gesagt wird: „Es wiederholt sich somit ein Verhältnis, das auf zahlreichen anderen Gebieten sich täglich zeigt: Schaffung einer Einrichtung im Allgemeininteresse, Benutzung der Einrichtung im einzelnen Fall im Privatinteresse". Begr. S. 5.

R. L.

II. Zu §§ 2 und 3.

11. Persönliche Gebührenfreiheit besteht nur im Rahmen des § 3. Auch der Begriff der Behörde im Sinne von § 2 Ziff. 1, die eine Amtshandlung veranlaßt (nur deutsche Behörden sind gemeint), ist eng auszulegen. Die Gebührenfreiheit von Behörden als solche genießen also nicht die Landwirtschafts-, Handwerks-, Industrie- und Handelskammern, Ärztekammern usw. sowie Vereinigungen von solchen. Da die Tätigkeit der genannten Kammern jedoch in der Hauptsache von allgemeiner Bedeutung ist, so ist auch die von ihnen veranlaßte Amtshandlung in der Regel als überwiegend im öffentlichen Interesse liegend anzusehen.

12. Auch bei anderen Antragstellern, insbesondere Berufsorganisationen, Spitzenverbänden u. dgl. [1]), wird die Art ihrer Tätigkeit [2]) [3]) für die Beurteilung maßgebend sein, ob eine von ihnen veranlaßte Amtshandlung überwiegend im öffentlichen Interesse liegt. Dies wird z. B. anzunehmen sein, wenn der Preußische Städtetag in einer Eingabe gemeinsame Belange der Stadtgemeinden wahrnimmt, wie denn auch die von einer Gemeinde oder einem Gemeindeverbande erstrebte Amtshandlung in der Regel überwiegend im öffentlichen Interesse erfolgen wird.

13. Bei Berufsverbänden und ähnlichen Organisationen werden die von ihnen verfolgten Angelegenheiten häufig im überwiegenden öffentlichen Interesse liegen, so bei Amtshandlungen, die im Verkehr mit wirtschaftlichen Verbänden erfolgen und zur Förderung des gesamten Wirtschaftslebens dienen, bei der Erledigung von Fragen, die für ganze Berufszweige oder Wirtschaftskreise grundsätzliche Bedeutung haben, wie überhaupt dann, wenn allgemeine Anregungen ohne Bezugnahme auf Einzelfälle von derartigen Organisationen ausgehen[7]). Da die Frage, inwieweit derartigen allgemeinen Anregungen nachzugehen und den Antragstellern eine Antwort zu erteilen ist, dem Ermessen der Behörden überlassen bleiben muß, kann die bloße Tatsache der Antwort, wenn sie für zweckmäßig gehalten wird, nicht ausschlaggebend für die Frage der Gebührenpflichtigkeit sein; denn nicht der Bescheid als solcher ist die erstrebte Amtshandlung.

14. Das Vorstehende gilt insbesondere auch für die Eingaben von Berufsvereinigungen der Beamten (Lehrer), Angestellten und

Arbeiter, wenn sie sich auf die Wahrnehmung von Berufs- oder Standesinteressen oder andere Angelegenheiten von allgemeiner oder grundsätzlicher Bedeutung beschränken, insbesondere z. B. in Fällen, in denen es sich um die Auslegung von Vorschriften, Tarifverträgen u. dgl. handelt [4]).

15. Erstrecken jedoch derartige Organisationen (Ziff. 11 ff.) ihre Tätigkeit über den Rahmen ihrer Aufgaben hinaus auf die Vertretung von Einzelfällen ohne grundsätzliche Bedeutung, so wird das Vorliegen eines überwiegenden öffentlichen Interesses in der Regel nicht anzuerkennen und ein Bescheid, falls ein solcher überhaupt zu erteilen ist, hinsichtlich der Gebührenpflicht entsprechend zu behandeln sein [4]).

16. Ein überwiegendes öffentliches Interesse wird in der Regel bei Amtshandlungen in Ausübung der Kommunalaufsicht anzunehmen sein, d. h. soweit es sich um die von Amts wegen oder auf Antrag erfolgende Prüfung der Gesetzmäßigkeit oder Ordnungsmäßigkeit der kommunalen Verwaltung im allgemeinen Interesse handelt. Das Vorliegen eines überwiegenden öffentlichen Interesses muß aber verneint werden, wenn z. B. die im Kommunalaufsichtswege angebrachte Beschwerde leichtfertig oder aus rein persönlichen Beweggründen erhoben worden ist, die mit der Angelegenheit selbst in keinem sachlichen Zusammenhang stehen, oder wenn die Beschwerde auf Umstände gestützt ist, die der Nachprüfung durch die Kommunalaufsichtsbehörde nicht unterliegen. — Bei Eingaben und Beschwerden von Kommunalbeamten oder -angestellten in bezug auf ihr Dienstverhältnis (z. B. in bezug auf Besoldung, Ruhegehalt usw., auch im Falle des § 7 des Kommunalbeamtengesetzes v. 30. 7. 1899 — GS. S. 141 —) wird in der Regel Gebührenfreiheit zu gewähren sein, auch wenn sich der einzelne Beamte oder Angestellte hierbei durch einen ausdrücklich Bevollmächtigten vertreten läßt.

17. Ein überwiegend öffentliches Interesse wird im allgemeinen auch anzunehmen sein, wenn eine Amtshandlung auch ohne Anregung von privater Seite unabhängig von dem Verschulden dieser, also von Amts wegen, vorzunehmen wäre.

18. Bei den Amtshandlungen der Fürsorgeerziehungsbehörden wird häufig das öffentliche Interesse überwiegen.

19. Das Vorliegen eines überwiegenden öffentlichen Interesses wird in der Regel anzunehmen sein, wenn es sich bei einem Be-

scheide um die Feststellung handelt, welche Pflichten dem einzelnen gegenüber dem Staate obliegen, z. B. bei der Auskunft über Auslegung einer den einzelnen dem Staate gegenüber verpflichtenden Gesetzesvorschrift, über die Höhe von staatlichen Abgaben [5]).

20. Unter Gnadensachen (§ 2 Ziff. 3) sind bei Abgaben u. dgl. diejenigen Angelegenheiten zu verstehen, in denen jetzt das Staatsministerium (früher der König) — z. B. bei Niederschlagungen — Gnade auszuüben befugt ist oder diese Befugnis auf die nachgeordneten Behörden übertragen hat (§ 18 Abs. 1 des Staatshaushaltsgesetzes v. 11. 5. 1898 — GS. S. 77 —).

21. Die auf Landesrecht [6]) beruhenden, neben denen der §§ 2 und 3 bestehenden Gebührenbefreiungen bleiben unberührt, solange nicht in Anwendung der im § 8 Abs. 3 VGG. erteilten Ermächtigung durch ministerielle Vorschrift etwas anderes angeordnet wird.

Anm. [1]) Z. B. auch Krankenkassenverbände. Ferner der allgemeine deutsche Jagdverein und die deutsche Jagdkammer in Berlin (E. des LM. und FM. vom 6. 12. 1924/VI. 13335; II. C. 3254).

[2]) Die öffentlich-rechtlichen wasserwirtschaftlichen Verbände sind bei der Erfüllung ihrer im öffentlichen Interesse liegenden Aufgaben von VG. freizustellen. E. des LM. vom 10. 7. 1924/VI. 16533.

[3]) Der Verkehr der Versicherungsträger (Krankenkassen) mit Behörden ist in der Hauptsache von allgemeiner Bedeutung. Die hierdurch veranlaßten Amtshandlungen können daher als überwiegend im öffentlichen Interesse liegend angesehen werden. (E. des M. f. V. vom 9. 10. 1924/III. V. 2241.)

[4]) Die Erhebung einer VG. kommt dann überhaupt nicht in Frage, wenn Arbeitnehmervereinigungen als Tarifvertragskontrahenten zur Herbeiführung oder in Ausführung eines Tarifvertrages mit Behörden in Verbindung treten; deren Amtshandlungen sind alsdann keine Hoheitshandlungen (vgl. Ziff. 1 RL., S. 20). E. des FM. vom 13. 11. 1924/II C 2831. — „Ausführung eines Tarifvertrages" wird aber in der Regel dann nicht anzunehmen sein, wenn die Arbeitnehmervereinigung z. B. beschwerdeführend sich an eine übergeordnete Behörde wendet.

[5]) Ebenso, wenn Auskunft darüber erteilt wird, ob die Errichtung einer gewerblichen Anlage, einer Fabrik oder dgl. der staatlichen Genehmigung bedarf.

[6]) Die auf Reichsrecht beruhenden Gebührenfreiheiten können nach allgemeinem Rechtsgrundsatz überhaupt nicht durch Landesrecht aufgehoben werden, z. B. die nach der Bek. vom 22. 4. 1919 (RGBl. S. 405) bestehende Kostenfreiheit des Verfahrens zur Feststellung der Vergütung von Requisitionen und Kriegsleistungen (§ 38 a. a. O.). E. des M. d. J. vom 25. 3. 1924/W. III. 784. Vgl. Anm. 3 zu § 8 VGG. (S. 18) und § 15 aVGO. (S. 45).

[7]) Z. B. wenn es sich bei Eingaben der Vereinigung deutscher Radsportverbände und ihrer angegliederten Sportorganisationen um die Wahrnehmung allgemeiner Interessen des Radsports und der Radsportverbände handelt. E. des M. d. J. vom 26. 11. 1924/II. M. 4001.

§ 4.

Die für die Gebührenerhebung zuständige Behörde ist befugt, die Gebühr im Falle nachgewiesener Bedürftigkeit des Pflichtigen auf Antrag bis auf die im § 6 Abs. 1 vorgesehene Mindestgebühr herabzusetzen oder zu erlassen [1]).

Anm. [1]) D. h. die Gebühr kann bis auf 0,50 GM. herabgesetzt werden, oder aber auch ganz erlassen werden. Vgl. auch Anm. 1 und 2 zu § 5 PGG. (S. 17).

A. A.

3. Zu § 4. Die Gebühr kann im Falle nachgewiesener oder offenkundiger Bedürftigkeit des Pflichtigen auf Antrag herabgesetzt oder erlassen werden. Von dieser Befugnis ist nur nach gewissenhafter Prüfung Gebrauch zu machen.

Über die Herabsetzung oder den Erlaß der Gebühr hat der Vorstand der Behörde oder ein von ihm besonders hierzu bestimmter Beamter nach näheren vom Vorstand aufgestellten Richtlinien zu entscheiden.

R. L.

III. Zu § 4.

22. Der Nachweis der Bedürftigkeit ist im allgemeinen Sache des Antragstellers, falls sie nicht offenkundig ist. Es ist gewissenhaft nachzuprüfen, ob die bekannten oder nachgewiesenen tatsächlichen Verhältnisse so sind, daß sie unter sorgfältiger Abwägung der staatlichen Interessen die Herabsetzung oder den Erlaß der Gebühr rechtfertigen. Besondere Ermittlungen, zumal mit Kosten für die Staatskasse verbundene, werden sich danach in der Regel erübrigen.

23. Von der Befugnis des 4 § ist nicht Gebrauch zu machen, wenn die Inanspruchnahme der Behörden wegen erkennbarer Aussichtslosigkeit oder aus anderem Grunde als mutwillig anzusehen ist, insbesondere wenn sie nach wiederholter Bescheidung in derselben Angelegenheit erfolgt (vgl. auch Ziff. 31).

24. Die Herabsetzung oder der Erlaß der Gebühr soll unter Vorbehalt des Widerrufs (durch die festsetzende oder ihr übergeordnete Behörde) oder in der Form erfolgen, daß der Pflichtige von der Zahlung der Gebühr ganz oder teilweise einstweilen befreit wird. Die Gebühr kann alsdann nachgefordert werden, wenn sich herausstellt, daß die Bedürftigkeit des Pflichtigen auf Grund falscher Angaben angenommen worden ist. Ferner kann ein Gebührenbetrag von mindestens 20 G.M. bis zum Schluß des der vollendeten Amtshandlung folgenden zweiten Kalenderjahres auch nachgefordert werden, wenn die Behörde Kenntnis von einer Veränderung der persönlichen Verhältnisse des Pflichtigen erhält, die die Einziehung als gerechtfertigt und billig erscheinen läßt. Wenn eine derartige Änderung der Verhältnisse als wahrscheinlich anzunehmen ist, ist nicht von der Befugnis des § 4 Gebrauch zu machen, sondern vielmehr die Form der Stundung (oder auch Gewährung von Teilzahlungen) zu wählen (vgl. Ziff. 37).

25. Ist der erforderliche Antrag auf Herabsetzung oder Erlaß einer Gebühr nicht gestellt, so kann im Falle der T.-Nr. 3 Abs. 2 aVGO. auch ohne besonderen Antrag aus Billigkeitsgründen von der Gebührenerhebung abgesehen werden.

§ 5.

(1) Die Gebühren werden in Goldmark angesetzt.

(2) Der Goldmarkbetrag ist nach dem für den Tag der Zahlung geltenden, vom Finanzminister zu bestimmenden Goldumrechnungssatz in deutsches Währungsgeld umzurechnen. Als Zahlung im Sinne dieser Vorschrift gilt auch die Aufgabe zur Post.

(3) Bis auf weiteres ist der vom Reichsminister der Finanzen auf Grund des § 5 Abs. 1, § 2 Abs. 3 der Reichsaufwertungsverordnung v. 11./18. Oktober 1923 (RGBl. I S. 939/979) für die Reichssteuern festgesetzte Goldumrechnungssatz maßgebend.

A. A.

4. Zu § 5 Abs. 3. Der auf Grund der Reichsaufwertungsverordnung für die Reichssteuern festgesetzte Goldumrechnungssatz wird vom Reichsminister der Finanzen fortlaufend veröffentlicht, außerdem durch Kreistelegramm an sämtliche Postanstalten bis zu den Postagenturen weitergegeben und dort durch Aushang öffentlich bekanntgemacht.

§ 6.

(1) Die nach dem Werte des Gegenstandes zu berechnende Gebühr beträgt mindestens 0,50 Goldmark und steigt in Abstufungen von je 0,10 Goldmark, wobei überschießende Gebührenbeträge auf 0,10 Goldmark nach oben abgerundet werden.

(2) Maßgebend ist der Wert des Gegenstandes zur Zeit der Vollendung der Amtshandlung. Er ist in Goldmark im Sinne des § 5 Abs. 2 und 3 festzustellen.

A. A.

5. Zu § 6. Ist der Gebührenberechnung der Wert des Gegenstandes zugrunde zu legen, so können zur Ermittlung dieses Wertes die Angaben des Pflichtigen dienen, sofern sie glaubwürdig sind. Andernfalls ist der Wert zu schätzen und die Gebühr danach zu berechnen, falls nicht ein anderer Wert nachgewiesen wird.

R. L.

IV. Zu § 6.

26. Bei der Ermittlung des Gegenstandswertes ist ein mit besonderen, unverhältnismäßig hohen Kosten oder Weiterungen verbundenes Verfahren tunlichst zu vermeiden. In geeigneten Fällen ist auf Feststellung des Wertes durch Verständigung mit den Beteiligten hinzuwirken.

27. Der im § 6 festgesetzte Mindestsatz für die nach dem Gegenstandswert zu berechnenden Gebühren gilt nur, soweit nicht durch besondere Bestimmungen ein höherer Mindestsatz vorgeschrieben ist.

§ 7.

Fällig ist der zur Zeit der Vollendung der Amtshandlung geltende Goldmarkgebührensatz.

R. L.

V. Zu § 7.

28. Für die Frage der Gebührenpflichtigkeit und die Höhe einer Gebühr sind die zur Zeit der Vollendung der Amtshandlung jeweilig geltenden Gebührenvorschriften maßgebend [1]).

Anm. [1]) Gleichgültig, wann der Antrag auf Vornahme der Amtshandlung gestellt worden ist.

§ 8.

(1) Die Gebühr soll grundsätzlich spätestens bei der Aushändigung der Entscheidung, des Zeugnisses usw. entrichtet und erforderlichenfalls durch Postnachnahme erhoben werden, wobei der am Tage der Aufgabe des Auftrags zur Post gültige Goldumrechnungssatz zugrunde zu legen ist; sie kann schon vor der Vornahme der Amtshandlung erfordert werden.

(2) Die Beitreibung erfolgt im Verwaltungszwangsverfahren.

A. A.

6. Zu § 8. Auf schnellste Entrichtung der festgesetzten Gebühr ist hinzuwirken. Wenn möglich, soll sie bei der Antragstellung erhoben werden. Es steht dem nichts im Wege, die Vornahme der Amtshandlung von der Gebührenzahlung abhängig zu machen. Der Gebührenpflichtige ist gegebenenfalls auf die bevorstehende Einziehung der Gebühr durch Postnachnahme hinzuweisen. Diese soll dann erfolgen, wenn sie dem Gebührenpflichtigen vorher angezeigt worden ist oder er sich mit ihr einverstanden erklärt hat oder eine ihm gesetzte angemessene Frist (regelmäßig 3 bis 7 Tage) zur Zahlung erfolglos verstrichen ist. Die Kosten der Einziehung hat der Gebührenpflichtige zu tragen.

Die Aushändigung von Urkunden, wie Zeugnissen, Ausweisen, Pässen, Beglaubigungen u. dgl., darf keinesfalls vor der Zahlung der Gebühr erfolgen.

Auf die auszuhändigende Urkunde (Bescheid, Genehmigung, Ausweis usw.) ist von der die Amtshandlung vornehmenden Behörde ein kurzer Gebührenvermerk folgenden Inhalts zu setzen:

„Gebühr .... Goldmark"

oder

„Gebühr .... Goldmark nach einem Gegenstandswert von .... Goldmark"

oder

„Gebührenfrei".

Die Einziehung der Gebühr erfolgt durch die Behörde, die die Urkunde zustellt oder durch die Post zustellen läßt[1]). Diese Behörde hat gegebenenfalls dem Gebührenvermerk hinzuzufügen:

„Erhalten ....
(Name)
(Amtsstempel) (Tag)".

Das Entsprechende gilt für einzuziehende Auslagenbeträge.

Anm. [1]) D. h. vorausgesetzt, daß bei ihr irgendeine Kasseneinrichtung besteht; andernfalls muß die Kasse, die für die betreffende Behörde die Kassengeschäfte ausführt, von dieser mit der Einziehung beauftragt werden (E. des FM. vom 10. 12. 1924/II. C. 2523). Vgl. E. des LM. vom 2. 9. 1924 (S. 66).

R. L. VI. Zu § 8.

29. Von der Möglichkeit, die Vornahme einer Amtshandlung von der Gebührenzahlung abhängig zu machen, soll nur Gebrauch gemacht werden, wenn eine besondere Veranlassung hierzu vorliegt (also nur ausnahmsweise) und überhaupt eine Gebühr zu erheben sein wird. Folgende Grundsätze sind zu beachten.

30. Es muß Grund zu der Annahme bestehen, daß die Gebühr nicht ordnungsmäßig gezahlt wird oder daß die Einziehung mit Weiterungen oder besonderen Schwierigkeiten verbunden sein wird (z. B. bei Ausländern). Dies wird in der Regel nicht der Fall sein bei Berufsverbänden und ähnlichen Organisationen. Von vorschußweiser Erhebung ist abzusehen bei dringenden Angelegenheiten, die keine Verzögerung erleiden dürfen, sofern die Verzögerung den Beteiligten einen nicht oder nur schwer ersetzbaren Nachteil bringen würde, ferner bei einfachen Auskunftssachen, die keine besonderen Kosten oder besondere Mühewaltung erfordern und daher nur mit einer entsprechend geringen Gebühr zu belegen sein werden, deren Erhebung durch Postnachnahme — auch ohne vorherige Mitteilung — voraussichtlich keine Schwierigkeiten bereiten wird.

31. Begründeter Anlaß, die Vornahme der Amtshandlung von der vorherigen Gebührenzahlung abhängig zu machen, wird gegeben sein, wenn die Inanspruchnahme der Behörde als mutwillig anzusehen ist, insbesondere, wenn sie nach wiederholter Bescheidung in derselben Angelegenheit erfolgt. Auch gegenüber Personen, die in Preußen keinen ständigen Wohnsitz haben, kann, dringende Fälle ausgenommen, jede gebührenpflichtige Tätigkeit von der vorherigen Zahlung eines hinreichenden Vorschusses abhängig gemacht werden.

32. Bei der Erteilung von Urkunden, wie Zeugnissen, Ausweisen, Pässen, Beglaubigungen, Genehmigungen u. dgl. (A.A. Ziff. 6 Abs. 2) hat die Gebührenerhebung stets vorschußweise oder durch Postnachnahme zu erfolgen. In der Regel wird, sofern es sich nicht um große Beträge handelt, die Einziehung der Gebühr durch Postnachnahme angebracht und möglich sein,

da bei derartigen Angelegenheiten angenommen werden kann, daß der Antragsteller von der Gebührenpflichtigkeit Kenntnis hat.

33. Ob im übrigen die Gebührenerhebung nachträglich oder durch Postnachnahme zu erfolgen hat, muß dem Ermessen der Behörde im Einzelfall überlassen bleiben.

Die Einziehung durch Postnachnahme ist zu unterlassen, wenn von vornherein anzunehmen ist, daß der Zahlungspflichtige (Adressat) die Einlösung verweigern wird.

34. Bei Einziehung durch Postnachnahme ist auf der Außenseite des Schriftstücks (Briefumschlags) durch kurzen Vermerk die Veranlassung zur Gebührenerhebung für den Empfänger kenntlich zu machen (z. B. „2 G.M. Verwaltungsgebühr zur Anfrage [1]) vom ....“, „für einen Paß“, „für die Genehmigung zu ......“) und geeignetenfalls auf die etwaige Zwangsbeitreibung bei Nichteinlösung der Nachnahme hinzuweisen [2]). Falls Gelegenheit gegeben ist (z. B. bei mündlicher Antragstellung, worüber alsdann ein Vermerk zu den Akten zu nehmen ist, oder bei notwendigen Erörterungen mit den Beteiligten), ist auf die Einziehung der Gebühr durch Nachnahme, in geeigneten Fällen auch auf die voraussichtliche Höhe der Gebühr hinzuweisen.

35. Kommt die Erhebung einer für den Pflichtigen besonders ins Gewicht fallenden hohen Gebühr in Frage, wird sich vor der Vornahme der Amtshandlung ein Hinweis auf die Gebührenpflicht gegenüber dem Antragsteller empfehlen, sofern mit dessen Unkenntnis hiervon zu rechnen ist.

36. Von der Erhebung von Gebühren, welche durch unrichtige Behandlung der Sache ohne Schuld der Beteiligten erwachsen sind, kann die erhebende (oder die ihr übergeordnete) Behörde absehen.[3]) Das gleiche gilt von Gebühren für Amtshandlungen, deren Vornahme ohne Schuld der Beteiligten so verzögert worden ist, daß sie für diese keine Bedeutung mehr haben.

37. Zahlungsfristen oder Abtragung einer Gebühr in Teilzahlungen können unter Vorbehalt des Widerrufs (durch die festsetzende oder ihr übergeordnete Behörde) im Falle nachgewiesenen dringenden Bedürfnisses, auch über den Schluß des Rechnungsjahres hinaus (§ 17 Abs. 2 des Staatshaushaltsgesetzes v. 11. 5. 1898 — GS. S. 77 —), zinslos bewilligt werden und sind an die Bedingung zu knüpfen, daß beim Ausbleiben einer Teilzahlung die zwangsweise Beitreibung des ganzen Restes erfolgt.

Dahingehende Anträge können gebührenfrei erledigt werden. Auf Erfordern haben die Gebührenschuldner, wenn es nötig erscheint, auch eine angemessene Sicherheit zu leisten.

38. Nicht beitreibliche Gebühren sind, gegebenenfalls auch ohne den Versuch der Zwangsbeitreibung, niederzuschlagen oder in Abgang zu stellen *). Wegen Unbeitreibbarkeit in Abgang gestellte Gebühren können bis zum Schluß des der vollendeten Amtshandlung folgenden 2. Kalenderjahres nachgefordert werden, sofern es sich um einen Betrag von mindestens 20 G.M. handelt, sobald die Behörde Kenntnis von einer Veränderung der Verhältnisse erhält, die eine erneute Beitreibung als erfolgreich erscheinen läßt.

Anm. [1]) Gegebenenfalls wird hier noch die Behörde zu bezeichnen sein, an die die Anfrage oder der Antrag gerichtet war, falls die Angelegenheit von einer anderen Behörde abschließend bearbeitet worden ist; z. B. „für die Genehmigung zu . . . . auf den an das Landratsamt in H. gerichteten Antrag vom . . .".

[2]) Ein Hinweis auf die etwaige Zwangsbeitreibung ist als „briefliche Mitteilung" gemäß § 2 II der Postordnung vom 22. 12. 21 (RGBl. S. 1609) unzulässig (E. des Reichspostministers vom 31. 10. 1924/I. O. 3768) und hat daher besser zu unterbleiben.

[3]) Wenn z. B. auf Antrag eine Genehmigung erteilt wird, die nach dem Gesetz nicht erforderlich ist, wird die hierfür gezahlte V. G. zu erstatten sein. Vgl. Anm. 4 auf S. 39.

§ 9.

(1) Wird in einer gebührenpflichtigen Angelegenheit eine übergeordnete Behörde im Instanzenzuge angegangen, so ist auch deren Entscheidung gebührenpflichtig; die Gebühr erhöht sich für jede Instanz je um die Hälfte, mindestens jedoch je um den Betrag der im § 6 Abs. 1 vorgesehenen Mindestgebühr [1]). Für die Entscheidung durch einen Minister beträgt die Gebühr mindestens das Dreifache.

(2) Die Gebühr für die Entscheidung der übergeordneten Behörde ist nur zu erheben, wenn und soweit im endgültigen Ergebnisse die erstinstanzliche Entscheidung aufrechterhalten wird, andernfalls ist nur die Gebühr für die von der ersten Instanz endgültig vorzunehmende Amtshandlung zu erheben [1]).

*) Die durch den erfolglosen Versuch der zwangsweisen Beitreibung entstehenden Kosten sind bei den unvorhergesehenen oder vermischten Ausgaben der Verwaltung zu verrechnen, in deren Rechnung die Verwaltungsgebühren in Einnahme nachzuweisen wären.

Anm. [1]) Beispiel: Die Gebühr für eine Genehmigung beträgt 100 G.M. Wird die Erteilung der Genehmigung abgelehnt, beträgt die Gebühr hierfür gemäß § 10 Abs. 1 aVGO. 50 G.M. Wird die hiergegen eingelegte Beschwerde von der übergeordneten Behörde zurückgewiesen, so ist nach § 9 Abs. 1 auch für diese Entscheidung eine Gebühr zu erheben, und zwar in Höhe von $50 + (1/2 \cdot 50) = 75$ G.M. Wird dagegen der Beschwerde stattgegeben und daraufhin die beantragte Genehmigung erteilt, so ist nach Abs. 2 a. a. O. der Fall so anzusehen, als ob die übergeordnete Behörde überhaupt nicht angegangen wäre, und nur die Gebühr von 100 G.M. zu erfordern, wobei die in dem ganzen Verfahren schon gezahlten Gebührenbeträge anzurechnen sind (vgl. Ziff. 42 RL.). Dabei ist es ohne Bedeutung, welche Instanz letzten Endes die Genehmigung (z. B. durch Ausstellung der vorgeschriebenen Genehmigungsurkunde) erteilt (vgl. Ziff. 41 a. a. O.).

R. L.

VII. Zu § 9.

39. Die übergeordnete Behörde, die im Instanzenzuge in einer gebührenpflichtigen Angelegenheit angegangen wird, ist bei der Gebührenfestsetzung gemäß § 9 Abs. 1, wie sie auch sonst die Gebührenerhebung durch die nachgeordnete Behörde nachzuprüfen und abzuändern befugt ist, nicht ohne weiteres an die Gebührenhöhe gebunden, die die erste Instanz innerhalb eines Rahmens festgesetzt hat, wenn sie der Auffassung ist, daß die erste Instanz der Bestimmung des § 11 aVGO. nicht hinreichend Rechnung getragen hat.

40. Die Aufrechterhaltung einer Entscheidung im Sinne des § 9 Abs. 2 ist auch in dem Falle anzunehmen, wo die vorinstanzliche Entscheidung zwar für zutreffend erachtet, von der weiteren Instanz aber nur deswegen abgeändert wird, weil der Antragsteller inzwischen etwa die die Abweisung veranlassenden Anstände beseitigt hat, z. B. wenn er erst in der weiteren Instanz die noch fehlenden Nachweise, Urkunden u. dgl. vorlegt.

41. Wird die erstinstanzliche Entscheidung nicht aufrechterhalten, ist nur die Gebühr für die an sich von der ersten Instanz vorzunehmende Amtshandlung zu erheben, auch wenn sie von der weiteren Instanz selbst vorgenommen wird.

42. Bei jeder Entscheidung in der Sache selbst durch eine übergeordnete Behörde soll diese auch darüber entscheiden, inwieweit die Gebührenfestsetzung in den früheren Instanzen aufrechtzuerhalten ist, wobei gegebenenfalls eine bereits erhobene Gebühr auf die der zuletzt entscheidenden Stelle anzurechnen ist.

§ 10.

(1) Bei Zurücknahme des Antrags auf Vornahme einer Amtshandlung, die noch nicht vollendet, mit deren Ausführung oder sachlicher Vorbereitung jedoch bereits begonnen worden ist, wird 1/4 bis 1/2, bei Ablehnung des Antrags [1]) 1/2 der Gebühr [2]), mindestens jedoch der Betrag der im § 6 Abs. 1 vorgesehenen Mindestgebühr erhoben; es kann Gebührenfreiheit gewährt werden, wenn der Antrag auf nicht anzurechnender Unkenntnis der Verhältnisse oder auf Unwissenheit beruht.

(2) Für einen lediglich wegen Unzuständigkeit ablehnenden Bescheid [3]) ist eine Gebühr nicht zu erheben [4]).

Anm. [1]) Bez. Ablehnung von Bewerbungen um die Verleihung einer Apothekenkonzession, vgl. Anm. 1 zu T. Nr. 1 der GO. für die Medizinalverwaltung (S. 150).

[2]) D. h. der Gebühr, die für die betreffende beantragte Amtshandlung vorgesehen ist. Ist diese gebührenfrei oder genießt der Antragsteller persönliche Gebührenfreiheit, kommt auch bei Zurücknahme oder Ablehnung des Antrags eine Gebührenerhebung nicht in Frage.

[3]) Gleichgültig, ob der Bescheid ausdrücklich ablehnend lautet, oder die Eingabe unter Mitteilung der zuständigen Stelle an den Einsender zurückgesandt wird, oder für den Fall, daß die Eingabe an die zuständige Stelle geleitet worden ist, eine Mitteilung hierüber („Abgabenachricht") an den betreffenden Beteiligten ergeht.

[4]) Entsprechend wird der Fall zu behandeln sein, wo jemand eine behördliche Genehmigung für etwas beantragt und den Bescheid erhält, daß eine Genehmigung nicht erforderlich ist. Der Bescheid wird gebührenfrei zu erteilen sein. Vgl. Anm. 3 auf S. 37.

A. A.

7. Zu §§ 10 und 11 und Ziff. 3 Satz 2 des Tarifs.

Die Höhe der Gebühr bei Zurücknahme des Antrags auf Vornahme einer Amtshandlung ist davon abhängig, inwieweit die sachliche Bearbeitung des Antrags bereits erfolgt ist. Eine sachliche Bearbeitung liegt dann noch nicht vor, wenn lediglich eine Registrierung erfolgt ist. Ist die Amtshandlung vollendet, ist die volle Gebühr fällig.

Über die Höhe der Gebühr hat der Vorstand der Behörde oder ein von ihm besonders hierzu bestimmter Beamter nach näheren vom Vorstande aufgestellten Richtlinien zu entscheiden. Entsprechendes gilt im Falle des § 10 Abs. 1 Satz 2, des § 11 und der Ziff. 3 Satz 2 des Tarifes.

R. L.

VIII. Zu § 10.

43. Der Zurücknahme eines Antrags auf Vornahme einer Amtshandlung ist es gleichzuachten, wenn diese nicht zur vollständigen Ausführung kommt, weil die Beteiligten eine Voraussetzung für den Abschluß der Angelegenheit trotz ergangener Aufforderung nicht erfüllen, sofern nicht alsdann die Ablehnung des Antrags zweckmäßiger erscheint.

§ 11.

Sofern für den Ansatz einer Gebühr ein Spielraum gewährt wird, hat die für die Gebührenerhebung zuständige Behörde die Höhe der Gebühr unter Berücksichtigung des Umfanges und der Schwierigkeit der Sache, ihrer Bedeutung für das bürgerliche Leben und der Leistungsfähigkeit des Pflichtigen festzusetzen.

A. A.

Vgl. Ziff. 7 A. A. zu § 10 (S. 39).

R. L.

IX. Zu § 11.

44. Ist für den Ansatz der Gebühr in der allgemeinen oder einer besonderen Gebührenordnung (vgl. § 14 aVGO.) ein Spielraum gewährt, so ist § 11 genau zu beachten. Maßgebend ist danach der Grad der den Behörden verursachten Mühe und die Höhe der ihnen erwachsenen Auslagen, soweit diese nicht besonders berechnet werden, und das Vermögensinteresse der Beteiligten an der Amtshandlung oder die sonstige Bedeutung der Sache für sie.

45. Bei Gegenständen von untergeordneter Bedeutung kann, wenn die Sachbehandlung von ganz geringem Umfang ist, von der Mindestgebühr ausgegangen werden. Mit der Steigerung des Umfanges, der Schwierigkeit und der Bedeutung einer Sache ist auch die Gebühr entsprechend höher, bis zum Höchstbetrage, zu bemessen. Bei der hiernach an sich gerechtfertigten Gebühr kann weiter die Leistungsfähigkeit des Pflichtigen billig berücksichtigt werden. Besonders günstige Verhältnisse des Pflichtigen sollen aber zu einem sonst nicht gerechtfertigten höheren Ge-

bührensatz nicht führen. Durch die Bemessung der Gebühr nach der Leistungsfähigkeit soll andererseits ungünstigen Vermögens- und Einkommensverhältnissen des Pflichtigen Rechnung getragen werden. Es wird dabei also regelmäßig eine Gebühr angezeigt sein, die hinter dem nach Vorstehendem festzusetzenden Betrage zurückbleibt. Bei Berücksichtigung der Vermögens- und Einkommensverhältnisse ist nicht sowohl der zahlenmäßige Betrag des Vermögens oder Einkommens als vielmehr die allgemeine Vermögenslage und die Zahlungsfähigkeit des Gebührenpflichtigen in Betracht zu ziehen, soweit diese Verhältnisse der die Gebühr ansetzenden Behörde bereits bekannt sind oder ohne belästigende Nachforschung ermittelt werden können. — Bringt es der Betrieb eines Unternehmens mit sich, daß häufiger gleichartige Anträge gestellt werden müssen [1]), so ist in der Regel für deren Erledigung eine gleichmäßige, geringere Gebühr zu erheben.

46. Soweit der Nutzen beurteilt werden kann, der den Beteiligten aus dem gebührenpflichtigen Geschäft in Aussicht steht, ist auch dieser entsprechend zu berücksichtigen. Diese „Bedeutung“ einer Sache wird für die Bemessung einer Gebühr vorwiegend maßgebend sein, wenn mit ihr ein wirtschaftlicher, finanzieller Vorteil für die Beteiligten verbunden ist. Ist die Vornahme einer Amtshandlung von ausschlaggebender wirtschaftlicher Bedeutung für die Errichtung oder das Bestehen oder die Fortentwicklung eines Geschäftsbetriebes, Unternehmens o. dgl. (z. B. Genehmigung), so wird in der Regel die (mutmaßliche) Größe (Umfang oder Ertrag) des Betriebes für Bemessung der Gebühr vorwiegend als maßgebend anzusehen sein. Grundsätzlich sind alsdann ¼, ½, ¾ der Höchstgebühr in Ansatz zu bringen, je nachdem es sich um einen kleineren, mittleren oder großen Betrieb handelt, bei gänzlich unbedeutenden und außergewöhnlich großen Betrieben die jeweilige Mindest-, bzw. Höchstgebühr zu erfordern. Aus besonderen Gründen kann hiervon abgewichen werden.

47. Die nach einem Tarif innerhalb eines freien Rahmens anzusetzenden Gebühren sind in Summen festzusetzen, die betragen (ohne Rücksicht auf den tarifmäßigen Gebührenrahmen):

das Mehrfache von 1 G.M. bei Gebührenansätzen zwischen 1 und 20 G.M.,

das Mehrfache von 5 G.M. bei Gebührenansätzen zwischen 20 und 50 G.M., das Mehrfache von 10 G.M. bei Gebührenansätzen von mehr als 50 G.M.

Anm. [1]) Z. B. ist vielfach der Gewerbebetrieb der Stellenvermittelung mit einem häufigen Wechsel der Stellvertreter und des Hilfspersonals verbunden, der jedesmal die behördliche Zulassung dieser Personen erfordert (E. des M. d. J. vom 9. 8. 1924/II. E. Vi. 7).

§ 12.

(1) Gegen die Erhebung einer Gebühr findet die Beschwerde im Aufsichtswege statt, soweit nicht durch besondere Bestimmung eine andere Regelung getroffen ist [1]). Die Beschwerde hat keine aufschiebende Wirkung.

(2) Die Entscheidung über die Beschwerde ist, soweit ihr nicht durch den Vorstand der Behörde abgeholfen wird, gebührenpflichtig. Die Gebühr beträgt 10 vom Hundert des Wertes des Beschwerdegegenstandes; im übrigen gilt § 9 entsprechend.

Anm. [1]) Z. B. durch § 125 des Landesverwaltungsgesetzes. Vgl. Anm. 6 zu T. Nr. 3 („Beschlußverfahren") der GO. des M. d. J. (S. 105). Begr. S. 10.

R. L.

X. Zu § 12.

48. Nach Abs. 2 kann einer begründeten Beschwerde gegen die Erhebung einer Gebühr durch den Vorstand der die Gebühr festsetzenden Behörde gebührenfrei abgeholfen werden. Einer Weitergabe der Beschwerde bedarf es dann nicht. In gleicher Weise kann verfahren werden, wenn der Pflichtige, ohne ein Rechtsmittel im Sinne des § 12 Abs. 1 einzulegen, bei der erhebenden Behörde Einwendungen (Antrag, Erinnerung) gegen die Gebührenerhebung geltend macht. An sich ist die Entscheidung der die Gebühr festsetzenden Behörde auf eine Einwendung (Antrag, Erinnerung) gegen die Gebührenerhebung nach T. Nr. 3 aVGO. gebührenpflichtig; es kann jedoch nach Abs. 2 a. a. O. aus Billigkeitsgründen von der Erhebung der weiteren Gebühr abgesehen werden, insbesondere solange noch mit einem gewissen Mangel an Kenntnis von den Gebührenvorschriften bei den Beteiligten gerechnet werden muß.

§ 13.

Werden bei der Vornahme einer Amtshandlung besondere bare Auslagen notwendig, so sind sie, auch wenn die Amtshand-

lung gebührenfrei bleibt, von dem zu erstatten, auf dessen Veranlassung die Amtshandlung vorgenommen wird. Sie sind nach dem Tage ihrer Entstehung in Goldmark im Sinne des § 5 Abs. 2 und 3 umzurechnen; für die Zahlung des sich so ergebenden Betrags gelten die Vorschriften über die Gebührenzahlung entsprechend.

A. A.

8. Zu § 13. Die Gebühr soll die gewöhnlichen, bei der Vornahme der einzelnen Amtshandlung entstehenden Barauslagen, z. B. für Porto, Schreibmaterialien, Formulare, decken. Postsendungen an Private, die im Interesse des Empfängers liegen, sind nach den Bestimmungen über die geschäftliche Behandlung der Postsendungen in Staatsdienstangelegenheiten [1]) als „portopflichtige Dienstsache" zu behandeln. Im übrigen sind nur die besonderen baren Auslagen zu erheben, z. B. für eine zur Vorbereitung oder Ausführung der Amtshandlung erforderliche Dienstreise, Einholung eines Sachverständigengutachtens, auf besonderen Antrag des Gebührenpflichtigen entstehende Unkosten. Derartige Auslagen sind auch zu erstatten, wenn eine Gebührenpflichtigkeit nicht gegeben ist, insbesondere auch im Verkehr mit nichtstaatlichen Behörden.

Die für die Gebührenzahlung geltenden Vorschriften gelten entsprechend für die Erstattung der Auslagen; auch die Bestimmung des § 6 Abs. 1 über den Mindestbetrag und die Abrundung ist anzuwenden.

Anm. [1]) Vom 7. 2. 1894 (ZBl. S. 129) und vom 9. 7. 1923 (FMBl. S. 450). Durch Ziff. IV, 3 ist hier bestimmt:

Sendungen von Staatsbehörden an Private, die im Interesse des Empfängers liegen, sind nicht freizumachen, sondern mit der Bezeichnung „Portopflichtige Dienstsache" (nach den neusten postalischen Bestimmungen als „Gebührenpflichtige Dienstsache") **zu versehen; waren dem Eingange Freiumschläge oder Freimarken beigefügt gewesen, so sind diese zu verwenden.**

R. L.

XI. Zu § 13.

49. Zu den besonderen baren Auslagen gehören auch die Kosten notwendiger Veröffentlichungen, insbesondere z. B. in den Regierungsamtsblättern, dagegen nicht die Kosten der Zuziehung der etwa erforderlichen Beisitzer der zur Entscheidung berufenen Behörde [1]).

50. Ist eine Dienstreise durch mehrere Angelegenheiten veranlaßt, so sind die hierdurch entstehenden Kosten auf die einzelnen Angelegenheiten nach dem Verhältnis derjenigen Beträge zu verteilen, die bei abgesonderter Erledigung jedes Geschäfts entstanden wären. Ist eine Dienstreise durch einen Beamten erforderlich, der an Stelle der ihm zustehenden Reisekosten feste Jahres- oder Monatsbeträge bezieht, so sind als Auslagen diejenigen Reisekosten zu erstatten, welche bei Einzelberechnung fällig geworden wären.

51. Bei Amtshandlungen, die überwiegend im öffentlichen Interesse erfolgen und daher gebührenfrei sind, kann von einer Erstattung der besonderen baren Auslagen im allgemeinen aus dem Grunde abgesehen werden, weil auch die Auslagen als überwiegend im öffentlichen Interesse liegend anzusehen sind, es sei denn, daß die Auslagen lediglich durch besondere Wünsche der Antragsteller veranlaßt worden sind; in diesem Falle sollen die Antragsteller vorher auf die Verpflichtung zur Auslagenerstattung hingewiesen werden. Besondere Auslagen, die durch eine begründete Beschwerde entstanden sind, sind in der Regel außer Ansatz zu lassen. Auch sonst kann im Falle der Gebührenfreiheit einer Amtshandlung aus Billigkeitsgründen von der Auslagenerstattung abgesehen werden [2]).

52. Bezüglich der Einziehung der Auslagen ist im allgemeinen wie bei der Gebührenerhebung zu verfahren (vgl. Ziff. VI). Größere Auslagen werden in der Regel, sobald die Pflicht zur Erstattung feststeht, vorschußweise bzw. alsbald nach ihrer Entstehung zu erheben sein, insbesondere, wenn mit der Erledigung der gebührenpflichtigen Angelegenheit nicht ohne weiteres, vielmehr erst nach Ablauf einer gewissen Zeit zu rechnen ist.

Anm. [1]) Ferner z. B. die Kosten für die Tätigkeit der Kesselrevisionsvereine, die der Staat zur Unterstützung seiner Organe in Anspruch nimmt und die hierfür eine entsprechende Vergütung erhalten. Begr. S. 8.

[2]) Wenn z. B. beim Zwangspensionierungsverfahren zwecks Entscheidung über ein Rechtsmittel von der Rechtsmittelinstanz ein medizinisches Obergutachten erfordert wird, dessen Kosten als bare Auslagen anzusehen sind, so könnte an sich nach § 13 aVGO. ihre Erstattung verlangt werden, obwohl das ganze Verfahren gebührenfrei ist.. Hat das Rechtsmittel Erfolg, so sind nach der Vorschrift der Ziff. 51 S. 2 (begründete Beschwerde!) die Auslagen in der Regel außer Ansatz zu lassen. Aber auch im umgekehrten Falle wird dasselbe zu geschehen haben, da Billigkeitsgründe anzunehmen sind, wenn nicht sogar überwiegendes öffentliches Interesse.

§ 14.

Die Bestimmungen dieser Gebührenordnung gelten für alle auf Grund des Gesetzes über staatliche Verwaltungsgebühren zu erhebenden Gebühren, sofern nicht Abweichendes bestimmt wird.

R. L.

XII. Zu § 14.

53. Für die Gebühren der Sondergebührenordnungen gelten, soweit in diesen nichts Abweichendes bestimmt ist, die Bestimmungen der aVGO. und damit auch die hierzu ergangenen Ausführungsvorschriften [1]).

Anm. [1]) Die aVGO. und alle hierzu ergangenen Vorschriften sind also von grundlegender Bedeutung für alle auf Grund des VGG. zu erhebenden Gebühren, auch soweit sie in den besonderen Gebührenordnungen enthalten sind; insbesondere finden auf alle diese Gebühren Anwendung die Bestimmungen über die persönlichen Gebührenfreiheiten (§ 3), die Niederschlagung oder den Erlaß von Gebühren bei Bedürftigkeit des gebührenpflichtigen Antragstellers (§ 4), die Höhe der Gebühr bei Ablehnung oder Zurücknahme eines Antrages auf Vornahme einer gebührenpflichtigen Amtshandlung (§ 10), die Bemessung der Gebühr bei Rahmensätzen (§ 11), die Erstattung barer Auslagen (§ 13). Nur soweit in den Sondergebührenordnungen Abweichendes bestimmt ist, was nur in wenigen Fällen geschehen ist, sind die gen. Vorschriften nicht anzuwenden. Vgl. Einleitung S. 13.

§ 15.

In allen Verwaltungszweigen werden die in dem anliegenden Tarif aufgeführten Gebühren erhoben, soweit nicht in besonderen Gebührenordnungen andere Gebühren für die betreffenden Amtshandlungen festgesetzt sind oder Gebührenfreiheit[1]) angeordnet ist.

Anm. [1]) Sei es, daß die Gebührenfreiheit in anderen Gebührenordnungen angeordnet ist, sei es in Gesetzen und anderen Bestimmungen, sofern nicht gemäß § 8 Abs. 3 VGG. hiervon Abweichendes vorgeschrieben worden ist. Vgl. Anm. 3 zu § 8 a. a. O. (S. 18) und Anm. 6 zu Ziff. 21 RL. (S. 30).

A. A.

9. Zu § 15. Übergangsbestimmungen. Die bisherigen Verordnungen usw., durch die besondere Gebühren festgesetzt sind, bleiben in Kraft, bis andere auf Grund des VGG. an ihre Stelle treten. Insoweit diese bisherigen Bestimmungen gelten, finden § 15 und der zugehörige Gebührentarif keine Anwendung, wohl aber die §§ 9 bis 13.

Im übrigen ist der Tarif anzuwenden, soweit nicht durch besondere Gebührenordnungen der zuständigen Minister (§ 1 Abs. 1) andere Gebühren oder Gebührenfreiheit bestimmt wird.

Bei Änderung dieser Gebührenordnung oder der besonderen Gebührenordnungen ist die zur Zeit der Vollendung der Amtshandlung geltende Gebühr zu erheben (§ 7).

R. L.

XIII. Zu § 15.

54. Die im allgemeinen Gebührentarif aufgeführten Gebühren werden überall da erhoben, wo nicht besondere Gebühren vorgeschrieben werden durch besondere (ministerielle oder auf Grund ministerieller Delegation erlassene) Gebührenordnungen oder (während der Übergangszeit) durch andere noch bestehende landesrechtliche Bestimmungen (also nicht kommunale Gebührenordnungen) oder sonstige Vorschriften, die ausdrüklich als noch bestehend anerkannt worden sind [1]).

Anm. [1]) Z. B. die kommunalen Baupolizeigebührenordnungen, die nach dem E. des M. f. V. vom 17. 4. 24/II. 9. Nr. 148 bis auf weiteres ihre Gültigkeit behalten haben.

§ 16.

Diese und etwaige weitere allgemeine Gebührenordnungen werden in der Gesetzsammlung, die von den einzelnen Ministern zu erlassenden Gebührenordnungen in den betreffenden Ministerialblättern veröffentlicht.

§ 17.

Diese Verordnung tritt am 1. Januar 1924 in Kraft. Den Zeitpunkt des Inkrafttretens der Verordnung für Angelegenheiten der Justizverwaltung bestimmt der Justizminister im Einverständnis mit dem Finanzminister.

Tarif (vgl. § 15).

Lfd. Nr.	Gegenstand der Gebührenerhebung.	Gebühr Goldmark
1	**Es werden an Gebühren erhoben für** **a) einfache Abschriften, Auskünfte [1]) u. dgl., Aufnahme von Verhandlungen (Protokolle) ein der Höhe der Schreibgebühren entsprechender Betrag, und zwar für jede angefangene Seite . . . .**	**0,20**
	mindestens jedoch der Betrag der im § 6 Abs. 1 vorgesehenen Mindestgebühr [2]).	
	b) Auszüge [3]) aus den Akten, öffentlichen Verhandlungen, amtlich geführten Büchern, Registern, und Rechnungen für jede angefangene Seite.	**0,50—1**

Anm. [1]) Auskünfte fallen unter T. Nr. 1a nur dann, wenn sie einfacher Art sind, d. h. wenn sie ohne besondere Mühewaltung erteilt werden können, die Tätigkeit der Auskunft gebenden Behörde also im wesentlichen nur Schreibarbeit ist, was daraus zu schließen ist, daß diese Auskunftstätigkeit der reinen Schreibarbeit der Abschriftserteilung durch Aufnahme in derselben T. Nr. gleichgestellt ist. Anderenfalls ist T. Nr. 3 anzuwenden.

[2]) D. h. 0,50 G.M.

[3]) Auszüge im Gegensatz zu Abschriften (T. Nr. 1a) sind Arbeiten, die von dem die Angelegenheit bearbeitenden Beamten entweder selbst gefertigt oder der Kanzlei im einzelnen bezeichnet sind, auf deren Herstellung eine größere Zeit und Aufmerksamkeit zu verwenden ist als auf die Anfertigung gewöhnlicher Abschriften. Während es sich bei diesen „lediglich um die Herstellung der wörtlichen Übereinstimmung der Abschrift mit der Hauptschrift, also um eine mehr mechanische Tätigkeit handelt, erfordert die Herstellung der Auszüge eine selbständig ordnende, mehr kritische Tätigkeit; denn es soll aus einem größeren Ganzen das für einen einzelnen Fall Wesentliche herausgezogen werden". (Vgl. Hummel-Specht, LStG. S. 564 Anm. 1.)

2	**Ausfertigung von Schriftstücken, soweit nicht auf Grund dieser Gebührenordnung oder ihres Tarifs eine besondere Gebühr zu entrichten oder Gebührenfreiheit angeordnet ist, und für zweite, dritte und weitere Ausfertigungen (Nebenausfertigungen) die Gebühr wie für einfache Abschriften und die Beglaubigungsgebühr (Ziffer 4).** **Bestallungen sind gebührenfrei.**	

R. L.

XIV. Zu Tarifnummer 2 und 4.

55. Für beglaubigte Abschriften ist neben der Zeugnis-(Beglaubigungs-)gebühr der T.-Nr. 4 mit 2 G.M. die der T.-Nr. 1 a zu erheben, also mindestens immer 2,50 G.M.

Lfd. Nr.	Gegenstand der Gebührenerhebung.	Gebühr Goldmark
3	**Bescheide[1]) auf Gesuche, Anfragen[2]), Anträge und abweisende Bescheide auf Beschwerden, sofern sie nicht im inneren Behördenbetrieb ergehen,**	
	bei den unteren Behörden (Ortsbehörden) ...	**1—100**
	bei den Mittelbehörden	**2—200**
	bei den obersten Behörden (Zentralbehörden)	**3—300**
	Aus Billigkeitsgründen[3]) kann von der Gebührenerhebung abgesehen werden.	

Anm. [1]) Bez. der Bescheide in Ausweisungs- und anderen Ausländerangelegenheiten vgl. Ziff. 3 des E. des M. d. J. vom 20. 6. 1924 in Anm. 5 zu T. Nr. 2 der VGO. des M. d. J. (S. 104).

[2]) Hierzu gehören auch Auskünfte, soweit sie nicht unter T.Nr. 1 a fallen (vgl. Anm. 1 hierzu). Über gebührenfreie Auskünfte vgl. Ziff. 19 RL. und Anm. 5 hierzu (S. 30).

[3]) a) Außer in den in Ziff. 64 RL. genannten Fällen werden solche Billigkeitsgründe als vorliegend anzunehmen sein, wenn z. B. über den Antrag auf Herabsetzung oder Erlaß einer Gebühr gemäß § 5 VGG. oder § 4 aVGO. zu entscheiden ist, wenn auch im ablehnenden Sinne.

b) Vielfach werden Billigkeitsgründe bei der Erteilung von abweisenden Bescheiden auf Reklamationen wegen der Veranlagung zur Wandergewerbe- und Wanderlagersteuer anzuerkennen sein (E. des FM. vom 23. 4. 1924/II. A. 1. 872).

c) Dgl. bei der Ablehnung von Anträgen auf Genehmigung von Umzügen von Vereinen und dgl., Denkmalsenthüllungen usw.

A. A.

Vgl. Ziff. 7 A. A. zu § 10 (S. 39).

R. L.

XV. Zu Tarifnummer 3.

56. Als zum inneren Behördenbetriebe gehörig sind auch anzusehen alle mit den Dienstverhältnissen der noch nicht ausgeschiedenen Beamten (Lehrer), Angestellten und Arbeiter in

Verbindung stehenden Angelegenheiten, sofern die betreffende Angelegenheit von dem Beamten usw. selbst oder einem von ihm ausdrücklich Bevollmächtigten wahrgenommen wird (vgl. dagegen Ziff. 15), z. B. Angelegenheiten, welche betreffen die Zulassung zum Staatsdienst, Vereidigung, Versetzung, Beurlaubung, Genehmigung aller Art, Festsetzung des Besoldungsdienstalters und der Gehaltsklasse usw., ferner das Defektenverfahren (Einspruch gegen Defektenbeschluß, Rekursentscheid), desgleichen der Verkehr zwischen Beamtenausschuß und gleichgestellten Organen einerseits und der Behörde anderseits. — Bezüglich der Kommunalbeamten vgl. Ziff. 16.

57. Als untere Behörden gelten auch die Kreisbehörden (Landräte).

Gebührenhöhe.

58. Mit Rücksicht auf die Vielseitigkeit der Amtshandlungen, die unter T.-Nr. 3 fallen, können für deren Anwendung bezüglich der Gebührenhöhe nur Richtlinien allgemeinster Art gegeben werden. Mit Absicht ist für die Gebühr ein weiter Rahmen gsetzt, um dadurch zu ermöglichen, den Betrag dem Einzelfalle in gerechter Weise anzupassen, so daß unnötige und unverdiente Härten vermieden werden können. Bezüglich der Abmessung der Gebühr im Einzelfalle vgl. Ziff. IX. Es entspricht jedoch nicht dem Zwecke der aVGO. und muß daher vermieden werden, die Tätigkeit der Verwaltungsbehörden bei Entscheidungen durch Erhebung zu hoher Gebühren, etwa unter regelmäßiger Anwendung der Höchstsätze, geradezu auszuschalten; eine derartige Überspannung der Gebühren würde auch das notwendige Vertrauen zwischen der Bevölkerung und den Behörden untergraben[1]).

59. Bei der Ablehnung eines Antrages von vornherein und sonstigen einfachen Sachen, wenn die Sachbehandlung von geringem Umfang ist und keine Schwierigkeiten bietet, keine Erörterungen und in der Hauptsache nur eine geringe Schreibarbeit erfordert, wird in der Regel die geringste Gebühr als ausreichend erscheinen. In einfachen Angelegenheiten, die bei einer Behörde häufiger vorkommen und in bestimmter Weise erledigt zu werden pflegen, hierzu daher etwa nur eines formularmäßigen Bescheides bedürfen, wird eine gleichmäßige geringe Gebühr zu erheben sein.

60. Ist bei einer Amtshandlung der Wert des Gegenstandes zu schätzen, so wird im allgemeinen die Gebühr folgendermaßen abgestuft werden können:

Gegenstandswert in Goldmark	Goldmarkgebühr bei unteren	Mittel- Behörden	obersten
1 bis 3 000	1 bis 25	2 bis 50	3 bis 80
über 3 000 „ 20 000	15 „ 50	30 „ 100	50 „ 150
„ 20 000	30 „ 100	60 „ 200	100 „ 300

Beschwerden.

61. Bescheide auf Beschwerden sind nur im Falle der Abweisung gebührenpflichtig. Wird die abgewiesene Beschwerde von einer höheren Behörde auch nur im wesentlichen für begründet erklärt, so kann die vorinstanzliche Gebühr ganz oder zum Teil zurückerstattet werden.

62. Im Sinne dieser Bestimmung gilt als Beschwerde nicht nur die formalrechtliche Beschwerde, sondern auch jedes Gesuch um Abhilfe gegenüber einer Maßnahme einer Behörde um Aufhebung oder Abänderung einer Verfügung im Aufsichtswege [2]).

63. An der Obergrenze sich bewegende Gebühren sollen nur angesetzt werden bei besonders hohen Gegenstandswerten, bei besonders mutwilligen oder bei solchen Beschwerden, deren Erledigung besonders zeitraubend ist.

Billigkeitsgründe.

64. In der Regel ist gemäß Abs. 2 der T.-Nr. 3 aus Billigkeitsgründen von der Gebührenerhebung abzusehen:

1. in Angelegenheiten der Versorgungsanwärter (z. B. Vormerkung, Prüfungsaufforderung, Prüfung, Zeugnis hierüber),
2. bei Gesuchen der Nichtversorgungsberechtigten um Anstellung bei staatlichen Behörden und damit zusammenhängenden Fragen,
3. bei Bewerbungen um Freistellen in staatlichen Schulen, Unterstützungen [3]) u. dgl.,
4. in den die Ruhegehalts-, Hinterbliebenen- und ähnliche Bezüge betreffenden Angelegenheiten und den sonstigen

mit dem früheren Dienstverhältnis der ausgeschiedenen Beamten (Lehrer), Angestellten und Arbeiter in Verbindung stehenden Angelegenheiten,

5. in Angelegenheiten der Sozial-, Kleinrentner- und Erwerbslosenfürsorge,
6. in Angelegenheiten der Kriegsbeschädigten- und Kriegshinterbliebenenfürsorge,
7. in Angelegenheiten der aus dem besetzten und dem Einbruchsgebiet ausgewiesenen Personen, soweit sie mit der Ausweisung im ursächlichen Zusammenhange stehen.

65. Billigkeitsgründe werden häufig auch vorliegen in Angelegenheiten, die Angehörige der vom Deutschen Reiche abgetrennten Gebiete mit deutscher Abstammung und deutscher Muttersprache betreffen und nur deswegen eine an sich gebührenpflichtige Amtshandlung erfordern, weil diese Personen ihre deutsche Staatsangehörigkeit verloren haben. Das gleiche gilt, wenn in Sondergebührenordnungen oder sonstigen Gebührenvorschriften die Gewährung von Gebührenfreiheit oder -ermäßigung aus Billigkeitsgründen im Einzelfall für zulässig erklärt wird.

66. Als Billigkeitsgrund zum Erlaß einer Gebühr für einen ablehnenden Bescheid auf eine Beschwerde kann der Umstand angesehen werden, daß eine verschiedene Behandlung gleichgearteter Fälle durch die Behörden den Anlaß zur Beschwerdeerhebung gegeben hat. Ferner kann für Bescheide auf Eingaben, welche auf entschuldbarer Unkenntnis der Verhältnisse oder auf Unwissenheit beruhen, Gebührenfreiheit gewährt werden.

67. In allen vorstehend genannten Fällen werden dagegen Billigkeitsgründe nicht anzunehmen sein bei wiederholten unbegründeten Gesuchen, die eine unnötige Belästigung der Behörde darstellen.

68. Die Billigkeitsgründe, die zur Nichterhebung einer Gebühr geführt haben, sind bei dem Verfügungsentwurf in den Akten **kurz** anzugeben.

Anm. 1) Damit ist ausgesprochen, daß die Gebührenerhebung niemals Selbstzweck sein darf.

2) So der nach den Vorschriften der Jagdordnung den Jagdgenossen zustehende Einspruch gegen Beschlüsse eines Jagdvorstehers, der Einspruch gegen Beschlüsse eines Gemeindevorstehers in Auseinandersetzungsangelegenheiten (Gesetz vom 2. 4. 1887/GS. S. 105). E. des FM. vom 14. 5. 1924/II. C. 951.

[3]) Auch soweit sie in Gestalt von Darlehen, Lieferung von Holz zu billigen Preisen usw. gewährt werden sollen.

Lfd. Nr.	Gegenstand der Gebührenerhebung.	Gebühr Goldmark
4	**Beglaubigungen**[1]) (auch neben der nach Ziff. 1 fälligen Gebühr) und **andere Zeugnisse**[2])[3]), soweit sie nicht im inneren Behördenbetrieb ausgestellt werden. . . . . Gebührenfrei sind: a) Zeugnisse über geleistete Arbeiten, den Besuch von Bildungsanstalten, Schulzeugnisse u. dgl.; b) Zeugnisse, welche zum Nachweise der Berechtigung zum Genusse von Wohltaten, Stiftungen und anderen Bezügen für hilfsbedürftige Personen dienen sollen, oder welche wegen Zahlung von Wartegeldern, Pensionen, Unterstützungsgeldern, Krankengeldern, Beerdigungskosten, Witwen- und Waisengeldern und ähnlichen Kosten und Geldern als Rechnungsbelege bei öffentlichen oder privaten Kassen und Anstalten eingereicht werden müssen.	2

Anm. [1]) Beglaubigungen sind gebührenpflichtig, auch wenn sie von nicht besonders hierzu ermächtigten Behörden vorgenommen werden. (Anders die entsprechende frühere T. Nr. 77 LStG., wonach nur „innerhalb der Zuständigkeit der ausstellenden Behörde oder des ausstellenden Beamten erteilte" Zeugnisse stempelpflichtig waren.) E. des M. d. J. und FM. vom 18. 10. 24/IV. St. 1281 II; II. C. 2483.

[2]) Wegen der auf Grund einer Prüfung ausgestellten Zeugnisse vgl. RL. Ziff. 5 zu aVGO. § 1.

[3]) Z. B. polizeiliche Zeugnisse in Personenstandssachen, wie Wohnsitzbescheinigungen, Zeugnisse über das Nichtbekanntsein von Ehehindernissen, über die staatsrechtlichen Wirkungen der Eheschließung für preußische Staatsangehörige, die im Ausland eine Ehe eingehen wollen. E. des M. d. J. vom 17. 7. 1924/I e. 408 (MBl. i. V. S. 775).

R. L.

Vgl. Ziff. 55 R. L. zu T.-Nr. 2 (S. 48).

Lfd. Nr.	Gegenstand der Gebührenerhebung	Gebühr Goldmark
5	a) Gemäß Artikel 12 § 2 des Ausführungsgesetzes zum Bürgerlichen Gesetzbuche vorgenommene Beurkundungen von Grundstücksveräußerungen (einschl. Versteigerungen) sowie Urkunden über die Abtretung von Aneignungsrechten aus § 928 Abs. 2 des Bürgerlichen Gesetzbuchs, sofern sie nicht zur Erlangung der Rechtswirksamkeit der Genehmigung oder des Beitritts einer Behörde bedürfen und diese Genehmigung nicht erteilt wird. b) Das Entsprechende gilt für das Erbbaurecht; besteht die Gegenleistung in einem Erbbauzins, so finden die Vorschriften des § 6 Abs. 9 bis 12 des Stempelsteuergesetzes [1]) entsprechende Anwendung.	1/10 von Hundert des Kaufpreises (einschließlich des Wertes der ausbedungenen Leistungen und vorbehaltenen Nutzungen) oder des Grundstückswertes, falls ein Kaufpreis nicht in Frage kommt oder dieser geringer ist als der Grundstückswert.

Zusatz. Neben den unter Ziff. 1 bis 4 dieses Tarifs vorgeschriebenen Gebühren ist ein Stempel nach den Tarifstellen 1, 7, 10, 11, 16, 77 des Stempelsteuergesetzes nicht zu erheben. Soweit andere Tarifstellen dieses Gesetzes in Frage kommen, finden die Vorschriften unter Ziff. 1 bis 4 des vorstehenden Gebührentarifs keine Anwendung [2]),

Anm. [1]) Die Bestimmungen des § 6 Abs. 9—12 LStG. lauten:

(9) Bei immerwährenden Nutzungen und Leistungen ist das Fünfundzwanzigfache ihres einjährigen Betrags, bei Nutzungen und Leistungen von unbestimmter Dauer, sofern nicht die Vorschriften in den beiden nächstfolgenden Absätzen Anwendung finden oder anderweite die längste Dauer begrenzende Umstände in der Urkunde angegeben sind, das Zwölfeinhalbfache des einjährigen Betrags als Wert anzusehen.

(10) Der Wert von Nutzungen oder Leistungen auf Lebenszeit bestimmt sich nach dem zur Zeit ihres Anfanges erreichten Lebensalter der Person, bei deren Tode die Nutzung oder Leistung erlischt, und wird bei einem Lebensalter derselben

von 15 Jahren oder weniger auf das 18 fache
über 15 Jahre bis zu 25 Jahren auf das 17 fache
„ 25 „ „ „ 35 „ „ „ 16 „
„ 35 „ „ „ 45 „ „ „ 14 „

über 45 Jahre bis zu 55 Jahren auf das 12 fache
„ 55 „ „ „ 65 „ „ „ 8½ „
„ 65 „ „ „ 75 „ „ „ 5 „
„ 75 „ „ „ 80 „ „ „ 3 „
„ 80 „ „ auf das ....

des Wertes der einjährigen Nutzung oder Leistung angenommen. — — .

(11) Ist die Dauer der Nutzungen oder Leistungen von der Lebenszeit mehrerer Personen dergestalt abhängig, daß beim Tode der zuerst versterbenden die Nutzung oder Leistung erlischt, so ist für die nach den Bestimmungen im vorigen Absatze vorzunehmende Wertermittelung das Lebensalter der ältesten Person maßgebend. Wenn die Nutzung oder Leistung bis zum Tode der letztversterbenden Person fortdauert, erfolgt die Beerchnung nach dem Lebensalter der jüngsten Person.

(12) Der Gesamtwert der auf bestimmte Zeit eingeschränkten Nutzungen oder Leistungen ist unter Zugrundelegung eines vierprozentigen Zinsfußes nach der beigefügten Hilfstabelle zu ermitteln. Ist jedoch die Dauer der Nutzung oder Leistung noch außerdem durch die Lebenszeit einer oder mehrerer Personen bedingt, so darf der nach den Bestimmungen der beiden vorhergehenden Absätze zu berechnende Wert nicht überschritten werden.

Tabelle

über den gegenwärtigen Kapitalwert einer Rente oder Nutzung im Werte von 1 M. auf eine bestimmte Anzahl von Jahren behufs Berechnung der davon zu entrichtenden Stempelsteuer.

(Zu § 6 des Gesetzes.)

Anzahl der Jahre	Kapitalwert		Anzahl der Jahre	Kapitalwert		Anzahl der Jahre	Kapitalwert	
	M.	Pf.		M.	Pf.		M.	Pf.
1	1	0,0	18	13	16,6	35	19	41,1
2	1	96,2	19	13	65,9	36	19	66,5
3	2	88,6	20	14	13,4	37	19	90,8
4	3	77,5	21	14	59,0	38	20	14,3
5	4	63,0	22	15	02,9	39	20	36,8
6	5	45,1	23	15	45,1	40	20	58,5
7	6	24,2	24	15	85,7	41	20	79,3
8	7	00,2	25	16	24,7	42	20	99,3
9	7	73,3	26	16	62,2	43	21	18,6
10	8	43,5	27	16	98,3	44	21	37,1
11	9	11,1	28	17	33,0	45	21	54,9
12	9	76,0	29	17	66,3	46	21	72,0
13	10	38,5	30	17	98,4	47	21	88,5
14	10	98,6	31	18	29,0	48	22	04,3
15	11	56,3	32	18	58,9	49	22	19,5
16	12	11,8	33	18	87,4	50	22	34,2
17	12	65,2	34	19	14,8	51	22	48,2

Anzahl der Jahre	Kapitalwert M.	Pf.	Anzahl der Jahre	Kapitalwert M.	Pf.	Andzal der Jahre	Kapitalwert M.	Pf.
52	22	61,8	64	23	88,7	76	24	68,0
53	22	74,8	65	23	96,9	77	24	73,1
54	22	87,3	66	24	04,7	78	24	78,0
55	22	99,3	67	24	12,2	79	24	82,7
56	23	10,9	68	24	19,4	80	24	87,2
57	23	22,0	69	24	26,4	81	24	91,5
58	23	32,7	70	24	33,0	82	24	95,7
59	23	43,0	71	24	39,5	83	24	99,7
60	23	52,8	72	24	45,6	84	25	00,0
61	23	62,4	73	24	51,6	und mehr.		
62	23	71,5	74	24	57,3			
63	23	80,3	75	24	62,8			

²) Der Zusatz hat jetzt keine Bedeutung mehr, nachdem die gen. Tarifstellen des LStG. und die übrigen gebührenartigen Stempel durch das Gesetz vom 21. 10. 1924 aufgehoben worden sind. Vgl. Anm. 1 zu § 1 aVGO. (S. 20).

A. A. Ziff. 10. Rechnungsvorschriften [1]).

Bei jeder Behörde, die staatliche Verwaltungsgebühren erhebt, ist über die Gebühreneinnahme Buch zu führen. Die Bestimmung darüber, ob für die Einnahmen an staatlichen Verwaltungsgebühren nur ein Kassenbuch oder deren mehrere zu führen sind, bleibt dem Behördenvorstand überlassen. In das Kassenbuch oder in die Kassenbücher ist mindestens einzutragen: Der Tag der Einzahlung, der Name des Einzahlers, der gezahlte Betrag und die Angabe, wofür gezahlt ist, dies entweder durch Eintragung in besondere Spalten des Kassenbuchs oder durch einen kurzen Vermerk — die abgekürzte Bezeichnung der Gebühr — in besonderen Spalten.

Die Gemeindebehörden haben den in die Staatskasse fließenden Teil der staatlichen Verwaltungsgebühren nach Bedarf, mindestens einmal monatlich, und zwar bis zum 10. jeden Monats, an die nächstgelegene staatliche Kreiskasse abzuliefern, die sie sodann summarisch an die Regierungshauptkasse weitergibt. In Berlin sind die Gebühren an die Kasse der Preuß. Bau- und Finanzdirektion abzuführen.

Auf dem Abschnitt zur Postschecküberweisung oder, wenn die Beträge bar eingezahlt werden, auf einem besonderen Lieferschein, ist kurz zu bemerken, wieviel Gebühren aufgekommen sind und wieviel zur Staatskasse abgeliefert werden.

Jährlich einmal, und zwar bis zum 10. 4., haben die Gemeindebehörden den Regierungspräsidenten — in Berlin dem Präsidenten der Bau- und Finanzdirektion — eine summarische Nachweisung zu übersenden, in der anzugeben ist, wieviel staatliche Verwaltungsgebühren in dem verflossenen Rechnungsjahr bei der Behörde aufgekommen sind und welcher Betrag davon an die näher zu bezeichnende Kasse zu den verschiedenen Zeiten abgeliefert ist. Die Nachweisung ist ausdrücklich dahin zu bescheinigen, daß sie mit den geführten Kassenbüchern (Kontrollen usw.) übereinstimmt.

Auf Grund dieser Nachweisung wird die Einnahmeanweisung an die Regierungshauptkasse (Kasse der Preuß. Bau- und Finanzdirektion) erteilt. Die Einnahmen sind unter einem besonderen Titel des Haushalts der allgemeinen Finanzverwaltung (Kap. 24 Tit. 13 a: „Anteil an den von den Gemeindebehörden erhobenen staatlichen Verwaltungsgebühren") nachzuweisen.

Wegen Ablieferung und Verrechnung der bei den Staatsbehörden aufkommenden Verwaltungsgebühren bewendet es bei dem bisherigen Verfahren.

Anm. [1]) Diese Rechnungsvorschriften werden ergänzt durch den nachfolgend unter d abgedruckten E. des FM. vom 3. 4. 1924

d) Verfügung des Finanzministers, betr. die Verrechnung der Verwaltungsgebühren und Auslagen (II. C. 735.)

Vom 3. April 1924.

(BesBl. S. 96.)

I. Verrechnung der Verwaltungsgebühren.

1. Die bei den Oberpräsidien und Regierungen (der Bau- und Finanzdirektion) nach der allgemeinen Verwaltungsgebührenordnung aufkommenden Gebühren sind vom RJahr 1924 an einheitlich bei Kap. 27 Tit. 10 des Haushalts des Finanzministeriums zu verrechnen, einerlei, ob es sich um Aufgaben der allgemeinen oder einer anderen Verwaltung handelt.

2. Die bei den nachgeordneten Behörden und einzeln stehenden Beamten nach der allgemeinen Verwaltungsgebührenordnung aufkommenden Gebühren sind beim Haushalt der Verwaltung zu verrechnen, auf deren Haushalt die Behörde oder Dienststelle steht, z. B.

a) einem Domänenrentamt bei Kap. 1 Tit. 7 der Domänenverwaltung,
b) einer Oberförsterei bei Kap. 2 Tit. 6 b der Forstverwaltung,
c) einem Katasteramt, einem Hochbauamt oder einer Rentenbankdirektion bei Kap. 27 Tit. 10 des Finanzministeriums,
d) einer Eichungsdirektion oder einem Gewerbeaufsichtsamt bei Kap. 29 Tit. 8 a der Handels- und Gewerbeverwaltung,
e) einem Landratsamt bei Kap. 31 Tit. 1 b der inneren Verwaltung,
f) einer staatlichen Polizeiverwaltung bei Kap. 31 Tit. 4 c der staatlichen Polizeiverwaltung,
g) einer Landjägereischule bei Kap. 31 Tit. 5 der Landjägereiverwaltung.
h) einem Kulturamt, einem Kreistierarzt oder einem Oberfischmeister bei Kap. 32 Tit. 11 der Landwirtschaftl. Verwaltung,
i) einem Provinzialschulkollegium, einem Lehrerseminar oder einem Kreisschulrat bei Kap. 34 Tit. 1 b der Verwaltung für Wissenschaft usw.,
k) einem Medizinaluntersuchungsamt oder einem Kreismedizinalrat bei Kap. 36 Tit. 6 der Volkswohlfahrtsverwaltung,
l) einer Staatl. Erziehungsanstalt bei Kap. 36 Tit. 22 der Volkswohlfahrtsverwaltung.

3. Die auf Grund besonderer Gebührenordnungen aufkommenden Gebühren sind bei dem Haushalt der Verwaltung zu verrechnen, die in der Angelegenheit die Feder führt, z. B.

a) bei Kap. 29 Tit. 3 d des Haushalts der Handels- und Gewerbeverwaltung: die Einnahmen für behördliche Maßnahmen in Angelegenheiten des Verkehrs mit Kraftfahrzeugen,
b) bei Kap. 31 Tit. 1 b: die Gebühren in Staatsangehörigkeitsangelegenheiten (Ausführungsanweisung des Herrn Ministers des Innern v. 23. I. 1924 — MinBl. f. d. inn. Verw. S. 105 —)[1],

c) bei Kap. 31 Tit. 3: die von den staatl. Polizeiverwaltungen erhobenen Gebühren für Reisepässe, Sichtvermerke, Ausweise im kleinen Grenzverkehr,

d) bei Kap. 36 Tit. 12 des Haushalts der Volkswohlfahrtsverwaltung: die Baupolizeigebühren,

4. Der Anteil von 50 v. H. an den von den Gemeindebehörden erhobenen staatlichen Verwaltungsgebühren ist bei Kap. 24 Tit. 13 a der allgemeinen Finanzverwaltung zu verrechnen.

II. Verrechnung von Auslagen.

1. Die den Antragstellern nach § 13 der allgemeinen Verwaltungsgebührenordnung zur Last fallenden besonderen baren Auslagen sind, wie bisher, bei den ordentl. Fonds zu verrechnen, also z. B.

a) Reisekosten bei den Reisekostenfonds,

b) Telegrammgebühren, Einrückungsgebühren in Tageszeitungen usw. bei den Geschäftsbedürfnissen usw.

2. Die den Antragstellern zur Last fallenden Einrückungsgebühren für Veröffentlichungen im Regierungsamtsblatt oder im Öffentlichen Anzeiger zum Regierungsamtsblatt sind sogleich bei den Einnahmen der Amtsblattsverwaltung nachzuweisen.

III.

Zu I. 4 wird erläuternd folgendes bemerkt:

1. . . . (überholt durch RL. II zu §§ 2 und 3 aVGO., vgl. S. 28 f.).

2. Wenn einer unterstellten Behörde ein Bescheid zur Aushändigung und Einziehung der Verwaltungsgebühr übersandt, insbesondere das unter Abschnitt IV Ziff. 3 des Runderlasses v. 9. 7. 1923 — IA 2. 2322 usw., betr. geschäftliche Behandlung der Postsendungen in Staatsdienstangelegenheiten empfohlene Verfahren angewendet wird, wonach die Beschwerden gegen Verfügungen der Ortspolizeibehörden mit den Akten der entscheidenden Instanz urschriftlich vorgelegt werden, der von dem Landrat oder dem Regierungspräsidenten erteilte Bescheid in den Akten entworfen oder bei einfacheren Sachen in die Schreibmaschine diktiert wird, und der Bescheid mit dem Entwurf,

oder mit dem Durchschlag urschriftlich an die Ortspolizeibehörde geht, um den Bescheid zuzustellen, die Verwaltungsgebühr einzuziehen und die Akten aufzubewahren, so fließen die Gebühren der Beschwerdeinstanz voll in die Staatskasse.

3. Von den Fällen der Aushändigung eines Bescheides durch eine unterstellte Behörde sind zu trennen die Fälle der Bescheidung des Antragenden, Beschwerdeführers usw. durch eine damit im Einzelfalle beauftragte Stelle. Bei solchen Auftragsbescheiden würde, wenn es sich um eine Gemeindebehörde handelt, die im § 2 des Gesetzes, § 1 Abs. 2 der allg. VerwGebOrdnung vorgesehene Hälfte der Gebühren in die Kasse der Stelle fließen, die die Amtshandlung vorgenommen, also auftragsweise den Bescheid erteilt hat. Zum Besten der Staatskasse ist von dieser Art der Beauftragung einer nicht staatlichen Behörde abzusehen.

4. Bei Bescheidung durch die Kreisinstanz ist sorgfältig darauf zu achten, ob der Landrat als solcher oder als Vorsitzender des Kreisausschusses zu beauftragen ist. Der Vorsitzende des Kreisausschusses kommt nur in den gesetzlich zur Zuständigkeit der Kreiskommunalverwaltung oder des Kreisausschusses als Verwaltungsstreit- oder -ausschußbehörde gehörigen Fälle in Betracht.

Anm. [1]) Jetzt Ausf. Anweisung vom 10. 7. 1924 — MBl. i. V. S. 747 (vgl. S. 139).

e. Besondere Ausführungsbestimmungen des Finanzministers.

aa. E. vom 4. 2. 1924, betr. Durchführung der allgemeinen Verwaltungsgebühren in der Preußischen Katasterverwaltung (K. V. 2. 246).

(FMBl. S. 21.)

Zur Ausführung der allgemeinen Verwaltungsgebührenordnung v. 29. 12. 1923 — Vf. d. FM. usw. v. 29. 12. 1923 (II. C. 4377) PrBesBl. S. 247 u. ff. — GS. S. 1 —, wird für den Bereich der Katasterverwaltung folgendes angeordnet:

I.

Die Gebührenordnung der Katasterverwaltung v. 7. 12. 1922 (für Sigmaringen v. 15. 1. 1923) bleibt mit den noch in Kraft befindlichen Nachtragsverfügungen, insbesondere der Verfügung v. 26. 11. 1923 — K. V. 2. 2579 —, betr. Umstellung der Gebühren der Katasterverwaltung auf Goldgrundlage, neben der allgemeinen Verwaltungsgebührenordnung bis auf weiteres bestehen.

Die in der Gebührenordnung der Katasterverwaltung erfaßten Arbeiten sind Leistungen besonderer Art und bleiben in dem bisherigen Umfang uneingeschränkt auch weiterhin gebührenpflichtig (vgl. auch Ziff. 67 a. a. O.).

II.

Soweit nicht die Gebührenordnung der Katasterverwaltung anzuwenden ist, bleibt zu prüfen, ob eine Amtshandlung den Bestimmungen der allgemeinen Verwaltungsgebührenordnung und ihrem Tarif unterliegt. Hierzu wird folgendes bemerkt:

1. Der allgemeine Schriftverkehr, soweit er einfache Auskünfte u. dgl. in sich schließt, die nicht durch Erteilung von Auszügen usw. erledigt werden können, regelt sich nach der Bestimmung unter Ziff. 1 des Tarifs der aVGO.

2. a) Entscheidungen über Anfragen (Behauptung von materiellen Irrtümern usw.), die sich auf den Nachweis in den Katasterunterlagen beziehen, und

b) abweisende Bescheide auf Beschwerden, z. B. der gewerbetreibenden Landmesser usw. über die Prüfung beigebrachter Messungsschriften, regeln sich nach der Bestimmung unter Ziff. 3 des Tarifs a. a. O.

3. Für die Bemessung der zu entrichtenden Gebühr in den durch Ziff. 3 a. a. O. gegebenen Grenzen ist nötigenfalls auch der Zeitaufwand im Sinne der Ziff. 60 und 61 der Katastergebührenordnung zu berücksichtigen. Wird eine Beschwerde teilweise als berechtigt anerkannt, also nur bezüglich einzelner Punkte abgewiesen, so ist für den teilweise abweisenden Bescheid eine entsprechend geringere Gebühr anzusetzen.

4. Die Entscheidungen über Anträge auf Erlaß oder Ermäßigung der vorläufigen Steuer vom Grundvermögen (§§ 14 und 15 Abs. 2 des Gesetzes v. 14. 2. 1923) sind mit einer Verwaltungsgebühr nicht zu belegen, es sei denn, daß es sich um unbelehrbare Antragsteller handelt, die die Behörden wiederholt in denselben Angelegenheiten in Anspruch nehmen.

5. Für Beglaubigungen (Ziff. 4 des Tarifs) — hierzu gehören nicht die in der Katastergebührenordnung behandelten Fälle —

ist nur dann die in der allgemeinen Verwaltungsgebührenordnung vorgesehene Gebühr zu erheben, wenn eine Beglaubigung ausnahmsweise noch besonders beantragt ist. Der allgemein übliche, mit Dienstsiegel versehene Ausfertigungsvermerk gilt nicht als besondere Beglaubigung im Sinne der Ziff. 4 des Tarifs.

6. Besondere Gebührenbücher sind für die Verwaltungsgebühren in der Katasterverwaltung nicht anzulegen. Der Nachweis im einzelnen hat in den bereits bestehenden Gebührenbüchern der die Gebühr festsetzenden Stellen mit den übrigen Katastergebühren zusammen zu erfolgen. Diese Gebühren sind aber zweckmäßig in geeigneter Weise äußerlich kenntlich zu machen, damit sie — wenn es erforderlich werden sollte — ohne besondere Schwierigkeit zusammengestellt werden können.

7. Zu § 3 der aVGO. Die Bestimmungen im § 5 Abs. 1 bis 4 des Stempelsteuergesetzes v. 31. 7. 1895/26. 6. 1909 in der Fassung des Gesetzes v. 25. 7. 1923 (GS. S. 341) haben folgenden Wortlaut:............ [1]).

Anm. [1]) Hier nicht abgedruckt. Vgl. jedoch S. 26.

---

bb. E. vom 25. 3. 1924, betr. Erhebung von Gebühren für die Entscheidungen über Einsprüche und Berufungen gegen die Veranlagung der Steuer vom Grundvermögen (K. V. 2. 1022).

(FMBl. S. 90.)

Im Anschluß an meine Rdvf. v. 4. 2. 1924 (K. V. 2. 246)[1]) — Ziff. 8 — wird wegen Erhebung von Gebühren für die Entscheidungen über Einsprüche und Berufungen gegen die Veranlagung der Steuer vom Grundvermögen — für Rechtsbeschwerden ist die Gebührenfrage besonders geregelt — folgendes angeordnet:

I.

1. Gebühren werden, wenn das Rechtsmittel im endgültigen Ergebnis ganz oder teilweise erfolglos geblieben ist, gemäß Tarifnummer 3 der allgemeinen Verwaltungsgebührenordnung erhoben. Innerhalb des hier gegebenen Spielraums (§ 11 aVGO.) sind die folgenden, im Anhalt an den Wert des Streitgegenstandes zu bemessenden Sätze maßgebend:

a) Im Einspruchsverfahren:

bei einem Werte des Streitgegenstandes bis zu 20 G.M. einschl. . . . . 1 G.M.
von mehr als 20 bis 60 G.M. einschl. . . . . 2 „
bei höherem Streitwerte unter Aufrundung auf die nächsthöheren 100 G.M. bis zu 1000 G.M. einschl. 3 v. H.
und von dem über 1000 G.M. hinausgehenden und bis 4500 G.M. reichenden Werte . . . . 2 „ ;
die über 4500 G.M. hinausgehenden Werte bleiben mit Rücksicht auf die durch Ziff. 3 des Tarifs gegebene Höchstgrenze außer Ansatz.

b) Im Berufungsverfahren:

die doppelten Beträge der nach Vorstehendem sich ergebenden Gebühren.

2. Als Wert des Streitgegenstandes gilt der Unterschiedsbetrag zwischen der Jahressteuer, die nach dem weitestgehenden Antrage des Einspruchs oder der Berufung zur Einführung kommen müßte, und der aus der endgültigen Rechtsmittelentscheidung sich ergebenden Jahressteuer. Maßgebend für die Bemessung des Streitwertes ist also — auch für die vorinstanzliche Entscheidung — die in der endgültigen Rechtsmittelentscheidung festgesetzte Jahressteuer.

3. Für die vor dem 1. Januar 1924 eingegangenen, aber noch nicht erledigten Einsprüche und Berufungen werden Gebühren nicht erhoben; auch findet eine nachträgliche Gebührenerhebung für die bei Eingang dieser Verfügung bereits erledigten Rechtsmittelentscheidungen nicht statt.

II.

Die endgültige Festsetzung und Einziehung der Gebühr erfolgt erst, wenn die Entscheidung der Rechtsmittelbehörde — bei Anwendung des weiteren Rechtsmittels die Entscheidung der höheren Instanz — Rechtskraft erlangt hat (vgl. Ziff. 288 der AusfAnw. v. 14. 7. 1923). In der Entscheidung des Rechtsmittels ist entsprechend der Anordnung unter Ziff. 196 der AusfAnw. auf die Gebühr ohne Angabe des Betrages hinzuweisen.

Wegen des Nachweises, der Festsetzung und Einziehung der Gebühren und wegen etwaiger Beschwerden gegen die Erhebung derselben finden im übrigen die Bestimmungen unter Ziff. 286, 287 und 290 bis 299 der AusfAnw. v. 14. 7. 1923 entsprechende Anwendung mit Berücksichtigung des Umstandes, daß die Gebühren im Gegensatz zu den Kosten auch bei teilweise erfolglos gebliebenen Rechtsmitteln zu erheben sind (vgl. I zu 1 vorstehend). In der nach Ziff. 295 der AusfAnw. zu führenden Liste ist eine besondere Spalte für die Gebühren einzufügen.

Die Anordnung unter Ziff. 6 der Rvdf. v. 4. 2. 1924 (K. V. 2 246)[1]) findet auf die vorgedachten Rechtsmittelgebühren keine Anwendung. Diese Gebühren sind vielmehr wie die Kosten (Ziff. 284 ff. der AusfAnw.) zu vereinnahmen und an derselben Haushaltsstelle (Kap. 24 Tit. 14 der allgemeinen Finanzverwaltung zu verrechnen; sie erscheinen also nicht in den Gebührenbüchern der Katasterverwaltung.

III.

Da künftig durch die vorstehende Regelung in den Fällen, in denen das Rechtsmittel im endgültigen Ergebnis erfolglos geblieben ist, neben den Kosten (Auslagen) — Ziff. 284 und 285 der AusfAnw. — noch Gebühren zu erheben sind, die schon für das Rechtsmittelverfahren erster Instanz mindestens 1 (eine) Goldmark betragen, wird die Anordnung im letzten Satze der Ziff. 291 a. a. O. bedeutungslos.

Anm. [1]) Vorstehend unter aa abgedruckt, S. 59.

cc. E. vom 24. 11. 1924, betr. die Erhebung von V.G. für die Entscheidungen über Reklamationen wegen der Veranlagung zur Wandergewerbe- und Wanderlagersteuer (II A 1. 2857.)

(F. M. Bl. S. 241.)

Im Anschluß an meinen Runderlaß vom 23. 4. 1924 — II. A. 1. 872 [1]) — wird mit Rücksicht darauf, daß wiederholt die Beobachtung gemacht worden ist, daß bei der Festsetzung der Verwaltungsgebühr für die Erteilung von abweisenden Bescheiden auf Reklamationen von Wandergewerbe- und Wanderlagertreibenden nach ganz verschiedenen Grundsätzen verfahren worden ist, folgendes angeordnet:

1. Gebühren werden, wenn die Reklamation ganz erfolglos geblieben ist, gemäß Tarifnummer 3 der allgemeinen Verwaltungsgebührenordnung erhoben. Innerhalb des hier gegebenen Spiel-

raums (§ 11 aVGO.) sind die folgenden, im Anhalt an den Wert des Streitgegenstandes zu bemessenden Sätze maßgebend:

bei einem Werte des Streitgegenstandes bis zu 20 RM. 2 RM.
von mehr als 20 bis 60 RM. einschl. . . . . 4 „
von mehr als 60 RM. . . . . 6 „

Aus Billigkeitsgründen kann von der Gebührenerhebung ganz oder zum Teil abgesehen werden.

2. Als Wert des Streitgegenstandes gilt der Unterschiedsbetrag zwischen der Steuer, die nach dem weitestgehenden Antrage der Reklamation zur Einführung kommen müßte, und der aus der Rechtsmittelentscheidung sich ergebenden Steuer.

Enthält die Reklamation keinen ziffermäßigen Antrag hinsichtlich der Steuerermäßigung, so ist für die Berechnung des Wertes des Streitgegenstandes als solcher die Hälfte des angegriffenen Steuerbetrages zugrunde zu legen.

Anm. [1]) Vgl. Anm. 3 b zu T. Nr. 3 aVGO. (S. 48).

---

f. Ausführungsbestimmungen des Ministers für Landwirtschaft Domänen und Forsten.

aa. E. vom 14. I. 1924 (I 4071, II, III, IV, V, VI, AbwW.).

(LMBl. S. 50.)

1. Zu Nr. 3 des Tarifs: Für Bescheide usw., die vom Landesschätzungsamt, von der Landesanstalt für Gewässerkunde und dem Büro für die Hauptnivellements im Ministerium sowie vom Oberlandeskulturamt ergehen, sind die Sätze für die obersten Behörden, für Bescheide usw. der Hochschulen, der Versuchs- und Forschungsanstalten, der Höheren staatlichen Lehranstalten, der Landesanstalt für Fischerei, der Oberfischmeister, der Weinbaudirektoren, der Forsteinrichtungsanstalten, der forstlichen Versuchsanstalt sowie der Hauptgestüte sind die Sätze für die Mittelbehörden zu berechnen.

2. . . . .

---

bb. E. vom 2. 3. 1924 (VI 194).

(LMBl. S. 165.)

Es sind Zweifel darüber entstanden, ob und in welchen Fällen die Allg. Verwaltungsgebührenordnung vom 29. 12. 23 — GS.

S. 1 für 1924 — von den Landeskulturbehörden[1]) anzuwenden sei. Um eine gleichmäßige Anwendung dieser Gebührenordnung seitens aller Landeskulturbehörden zu erreichen, ordne ich an, daß nach folgenden Richtlinien verfahren werde.

I. Allgemeine Vorschriften.

Soweit der Kostenpunkt durch die bestehenden gesetzlichen Kostenvorschriften geregelt ist, kommt die Erhebung von Gebühren nach der Gebührenordnung nicht in Frage. Die Anwendung der Gebührenordnung beschränkt sich in diesen Fällen auf solche Verwaltungsakte, für die Kosten nach den bestehenden Kostenvorschriften nicht erhoben werden. Es sind dies insbesondere Bescheide, die im Aufsichtswege ergehen.

II. Besondere Vorschriften.

1. Insbesondere können Gebühren nach der Gebührenordnung nicht neben den durch das Kostengesetz vom 24. Juni 1875 bestimmten Kostenpauschsätzen erhoben werden. Nachdem die Erhebung von Verwaltungsgebühren allgemein angeordnet worden ist, bin ich damit einverstanden, daß nach der Vorschrift des § 5 Ziff. 2 des Kostengesetzes auch Kosten für die Erledigung von Anträgen auf die Erteilung von Auskünften, Abschriften oder Auszügen aus vorhandenen Akten oder Karten erhoben werden. Dies ist auch dann zulässig, wenn der Antrag von einer Behörde gestellt wird, sofern die Kosten einem Dritten als Veranlasser zur Last zu legen sind.

2. Nach § 49 in Verbindung mit § 43 des Enteignungsgesetzes vom 11. Juni 1874 ist die Anwendung des Kostengesetzes vom 24. Juni 1875 für das Verwendungsverfahren gelegentlich einer Enteignung ausgeschlossen. Nach § 8 des Gesetzes über staatliche Verwaltungsgebühren vom 29. September 1923 — GS. S. 455 — findet in diesem Falle die Gebührenordnung Anwendung, und zwar sind neben der Gebühr zu 3 des Tarifs gemäß § 13 der Allg. Verwaltungsgebührenordnung vom 29. Dezember 1923 die baren Auslagen zu erheben.

Auf das Verwendungsverfahren in Siedlungssachen findet diese Bestimmung nur insoweit Anwendung, als bare Auslagen gemäß § 13 zu erheben sind, da die Erhebung von Gebühren nach § 29 des Reichssiedlungsgesetzes verboten ist.

3. Für Amtshandlungen in Siedlungssachen können, soweit der Kostenpunkt nicht gesetzlich geregelt ist, zwar Gebühren nach der Allg. Gebührenordnung nicht erhoben werden, da die Amtshandlungen überwiegend im öffentlichen Interesse erfolgen (§ 1 Abs. 2 des Gesetzes vom 29. 9. 1923), außerdem § 29 des Reichssiedlungsgesetzes entgegensteht. Wohl aber sind die baren Auslagen gemäß § 13 der Allg. Gebührenordnung zu erheben. Dies gilt insbesondere für die Kosten in Anliegersiedlungssachen, da die im Verwaltungswege erlassenen Kostenvorschriften zu Ziff. 7 Abs. 1 der Ausführungsanweisung IV zu den Siedlungsgesetzen durch die mit Gesetzeskraft erlassene Allgemeine Gebührenordnung ersetzt worden sind.

4. Für Amtshandlungen, die im Verfahren zur Bildung von Bodenverbesserungsgenossenschaften vorgenommen werden, können Gebühren nicht erhoben werden, weil stets ein überwiegendes öffentliches Interesse vorliegt. Im übrigen gilt für die Einziehung der baren Auslagen § 272 des preußischen Wassergesetzes, so daß § 13 der Allgemeinen Verwaltungsgebührenordnung keine Anwendung findet.

5. . . . .

Anm. [1]) Hierzu E. des LM. vom 2. 9. 1924/VI. 2124. Danach liegt die Einziehung und Verrechnung der durch die Kulturämter aufkommenden VG. nicht den Kulturämtern selbst ob, sondern den Kreiskassen. — In dem E. heißt es weiter:

Falls bei einer Einziehung der VG. durch Postnachnahme die Zahlkarte für die Ablieferung des Nachnahmebetrages nicht auf die Kreiskasse ausgestellt werden kann, muß in diesem Falle die VG. ausnahmsweise von dem betreffenden Kulturamt in Empfang genommen werden. Die durch Nachnahme eingehenden VG. sind deshalb gegebenenfalls bei dem Kulturamt in einer besonderen Nachweisung zu buchen, die monatlich abzuschließen und der zuständigen Kreiskasse mit den monatlich abzuliefernden Einnahmebeträgen zu übersenden ist.

Falls der Versuch der Einziehung durch Postnachnahme scheitert, ist auch in diesem Falle die Beitreibung im Verwaltungszwangsverfahren durch die Kreiskasse herbeizuführen.

---

cc. E. vom 4. 4. 1924 (III 2292, II).
(LMBl. S. 254.)

Im Hinblick auf die privatwirtschaftliche Tätigkeit der Staatsforstverwaltung und die überwiegend im Staatsinteresse erfolgenden Amtshandlungen ihrer Organe werden für den Bereich der **Staatsforstverwaltung** bezüglich der Erhebung von Verwaltungsgebühren gemäß § 16 der allgemeinen Verwaltungsgebührenverordnung vom 29. Dezember 1923 (Preuß. Besoldungsblatt S. 247) folgende Richtlinien erlassen:

1. Einer Verwaltungsgebühr unterliegen nur Staatshoheitshandlungen.

2. Gebührenfrei sind daher alle Amtshandlungen, welche zur ordnungsmäßigen Verwertung der Waldprodukte oder zur Nutzbarmachung der Forstflächen, Forstgebäude pp. nach kaufmännischen Grundsätzen notwendig sind (z. B. Verkaufsbekanntmachungen, Losverzeichnisse, Verkaufsabschluß, Vertragsausfertigung für die Gegenpartei, Vertragserfüllung durch Zustellung der Holzzettel oder bei Vorverkauf der Überweisungsliste, Auskünfte über das Kaufobjekt und Anträge auf Kaufgeldstundung).

3. Ferner sind gebührenfrei diejenigen einfachen Auskünfte und Bescheide, die mit der Verwertung der Forstprodukte pp. im Zusammenhang stehen und nach kaufmännischem Brauche unentgeltlich erteilt zu werden pflegen (z. B. Erledigung von Anfragen über Freihandverkäufe, Verpachtungen, Arbeitsgelegenheit usw.), auch wenn das Interesse der Antragsteller überwiegt. In diesen Fällen ist indessen die Antwort als portopflichtige Dienstsache abzusenden.

4. Gebührenpflichtig sind solche Auskünfte und Bescheide, die über das kaufmännisch übliche Maß hinausgehen oder im ausschließlichen Interesse der Antragsteller erfolgen.

---

dd. E. vom 30. 4. 1924 (II 4140).

(LMBl. S. 287.)

Im Hinblick auf die privatwirtschaftliche Tätigkeit der Domänenverwaltung und die überwiegend im Staatsinteresse erfolgenden Amtshandlungen ihrer Organe werden für den Bereich der **Domänenverwaltung** bezüglich der Erhebung von Verwaltungsgebühren gemäß § 16 der allgemeinen Verwaltungsgebührenordnung vom 29. Dezember 1923 (Preuß. Besoldungsblatt S. 247) folgende Richtlinien erlassen:

1. Einer Verwaltungsgebühr unterliegen nur Staatshoheitshandlungen.

2. Gebührenfrei sind daher alle Amtshandlungen, welche zur ordnungsmäßigen Verwertung von eigenen Erzeugnissen der Domänenverwaltung oder zur Nutzbarmachung der domänenstaatlichen Grundstücke, Gebäude usw. nach kaufmännischen Grundsätzen notwendig sind, insbesondere die mit der Veräußerung oder Verpachtung domänenstaatlicher Grundstücke verbundenen privatrechtlichen Handlungen der Staatsorgane, soweit nicht die Tarifstelle 5 der aVGO. anzuwenden ist (z. B. Verkaufsbekanntmachungen, Bekanntgabe von Losverzeichnissen, Verkaufsabschlüsse, Vertragsausfertigungen für die Gegenpartei, Auskünfte über das Kaufobjekt, Kaufgeldstundungen, Pachtstundungen).

3. Ferner sind gebührenfrei diejenigen einfachen Auskünfte und Bescheide, die mit der Verwertung eigener Erzeugnisse der Domänenverwaltung oder mit der Nutzbarmachung des domänenstaatlichen Grundbesitzes usw. im Zusammenhang stehen und nach kaufmännischem Brauche unentgeltlich erteilt zu werden pflegen (z. B. Erledigung von Anfragen über Freihandverkäufe, Verpachtungen, Arbeitsgelegenheit usw.), auch wenn das Interesse der Antragsteller überwiegt. In diesen Fällen ist indessen die Antwort als portopflichtige Dienstsache abzusenden.

4. Gebührenpflichtig sind solche Auskünfte und Bescheide, die über das kaufmännisch übliche Maß hinausgehen oder im ausschließlichen Interesse der Antragsteller erfolgen.

Hiernach ist, wie ich mit Bezug auf den Runderlaß vom 2. Februar d. Js. — II 711 — bemerke, der Schriftverkehr der Regierungen mit den Domänenpächtern im allgemeinen gebührenfrei.

---

g. Ausführungsbestimmungen des Ministers für Wissenschaft, Kunst und Volksbildung.

aa. E. vom 28. 3. 1924 (A 5151 U 1, U II, U III B).

(UZBl. S. 120.)

Zur Ausführung der im Preußischen Besoldungsblatt S. 247 bekanntgegebenen Allgemeinen Verwaltungsgebührenordnung vom 29. Dezember 1923 bestimme ich zur geschäftlichen Behandlung der Verwaltungsgebühren für den Bereich meiner Verwaltung folgendes:

1. Die Verwaltungsgebühren für Amtshandlungen fließen den allgemeinen Staatsfonds zu. Sie sind nach Maßgabe der nachstehend unter 5 gegebenen Vorschriften für den Rest dieses Rechnungsjahres sämtlich bei Kapitel 34 Titel 1 des Haushalts des Ministeriums für Wissenschaft, Kunst und Volksbildung zu vereinnahmen. Im Haushalt für 1924 wird ein besonderer Einnahmetitel für Verwaltungsgebühren ausgebracht werden.

2. Die Einziehung und vorläufige Verwahrung der Gebühren liegt der Behörde oder Anstalt ob, die sie festsetzt, oder die im Auftrage einer vorgeordneten Behörde die Gebührenfestsetzungsverfügung zustellt. Ebenso haben Einzelbeamte die von ihnen festgesetzten Gebühren einzuziehen und vorläufig zu verwahren.

3. Der zustellenden Behörde oder Anstalt erteile ich hierdurch die Ermächtigung, in denjenigen Fällen, in denen sie in meinem Auftrage zustellt, über Ermäßigung oder Erlaß der Gebühr nach § 4 der Verordnung selbständig zu befinden. Von dieser Befugnis ist nur nach gewissenhafter Prüfung Gebrauch zu machen.

4. Die festsetzende bzw. zustellende Behörde oder Anstalt, ebenso der festsetzende Einzelbeamte hat auch die Beitreibung der Gebühren im Verwaltungszwangsverfahren herbeizuführen und gegebenenfalls die Niederschlagung der Gebühr auszusprechen.

5. Bei jeder Behörde oder Anstalt ist über alle von ihr selbst festgesetzten oder ihr zur Einziehung überwiesenen Gebühren ein Einnahmebuch nach beiliegendem Muster[1]) zu führen. In die Spalten 1 bis 5 des Einnahmebuches sind die Gebühren sogleich als Solleinnahme einzutragen. Auf dem Konzept der Festsetzungsverfügung ist die Nummer des Einnahmebuches zu vermerken.

Die eingehenden Gebühren sind bei der erhebenden Behörde oder Anstalt einstweilen zu verwahren und nach Bedarf, mindestens aber vierteljährlich in den ersten zehn Tagen nach Ablauf des Vierteljahres, an die zuständige Regierungshauptkasse (Kasse der Bau- und Finanzdirektion in Berlin) mit einer nur die Gesamtsumme der Ablieferung enthaltenden Anweisung zur Vereinnahmung bei Kapitel 34 Titel 1 abzuliefern. Die Ablieferung kann durch Vermittelung der zuständigen Kreiskasse im Wege der Aufrechnung geschehen. Die Anweisungen sind mit der Bescheingiung der Richtigkeit auf Grund des Gebühreneinnahmebuches zu versehen. Empfohlen wird die Erhebung und Ablieferung im Postscheckwege. Wegen Einrichtung von Postscheckkonten wird auf die Runderlasse des Herrn Finanzministers vom 27. Februar 1923 — I A 2. 747 — Absatz 2 (Zentrbl. f. d. Unterrichtsverw. S. 157) und 5. Januar 1924 — I A 2. 4900 — (Zentrbl. f. d. Unterrichtsverw. S. 32) hingewiesen.

Die gleichen Bestimmungen gelten für Einzelbeamte.

6. Von der Aufstellung einer besonderen Gebührenordnung oder besonderer Richtlinien für die Festsetzung der Gebühren wird für meinen Geschäftsbereich einstweilen abgesehen. Auch bleibt vorbehalten, vorstehende Bestimmungen auf Grund der Erfahrungen abzuändern.

Anm. [1]) Hier nicht abgedruckt.

bb. E. vom 6. 8. 1924 (U II 786).

(UZBl. S. 233.)

Zur Vereinfachung des Geschäftsganges, insbesondere der Abrechnung mit den zuständigen staatlichen Kassen, wird hiermit angeordnet, daß die städtischen höheren Lehranstalten die bei ihnen aufkommenden Verwaltungsgebühren an die Stadtkassen abzuführen haben und daß diese Gebühren dann wie die übrigen bei den Städten aufkommenden Verwaltungsgebühren zu behandeln sind.

h. Ausführungsbestimmungen des Ministers für Volkswohlfahrt.

E. vom 10. 5. 1924, betr. die Erhebung von Verwaltungsgebühren bei den Versicherungsbehörden (III V 271).

(VMBl. S. 229.)

Nach § 137 der RVO. sind gebührenfrei alle Verhandlungen und Urkunden, die bei den Versicherungsbehörden erforderlich werden, um die Rechtsverhältnisse zwischen den Versicherungsträgern einerseits und den Arbeitgebern oder Versicherten oder ihren Hinterbliebenen andererseits zu begründen oder abzuwickeln [1]).

Danach können die staatlichen Verwaltungsgebühren auf Grund der aVGO. im Streitverfahren vor den Versicherungsbehörden nur erhoben werden, wenn die Behörde veranlaßt wird, auf Anträge, Gesuche oder Beschwerden zu entscheiden, die durch das Verfahren nicht notwendig bedingt sind. Dahin gehört auch die Beantwortung von Anfragen und die Lieferung von Abschriften, Auszügen, Ausfertigungen usw., auf die der Antragsteller keinen Anspruch hat.

Bezieht sich die Tätigkeit der Versicherungsbehörden nicht auf die Klarstellung der genannten Rechtsverhältnisse, so steht der Erhebung der Verwaltungsgebühren nach der aVGO. nichts entgegen. Amtshandlungen der Versicherungsbehörden in Ausführung des durch die RVO. geregelten Beschlußverfahrens werden jedoch ebenso wie solche in den von Vorschriften der RVO. unabhängigen allgemeinen Verwaltungsangelegenheiten gebührenfrei sein, sofern sie überwiegend im öffentlichen Interesse erfolgen.

Für die Versorgungsgerichte, die lediglich eine gerichtliche Tätigkeit ausüben, gilt das oben in Abs. 2 Gesagte.

Anm. [1]) E. des M. f. V. vom 16. 9. 1924/III. V. 1938 A:

In den Verfahren betreffend die Bestrafung von Arbeitgebern wegen Verletzung der ihnen nach der RVO. obliegenden Melde- und Beitragspflichten sind VG. nach der aVGO. nicht zu erheben, da — jedenfalls in einer großen Anzahl dieser Fälle — auch die Versicherungspflicht des Arbeitnehmers streitig ist und somit § 137 RVO. Platz greift.

2. Gebührenordnung für Amtshandlungen der Wasserpolizei[1]).

Vom 30. Januar 1924.

(LMBl. S. 188; HMBl. 108.)

Auf Grund des § 4 Abs. 1 des Gesetzes über staatliche Verwaltungsgebühren vom 29. September 1923 (Gesetzsamml. S. 455) und des § 16 der Allgemeinen Verwaltungsgebührenordnung vom 29. Dezember 1923 (Gesetzsamml. 1924 S. 1) wird hiermit folgende Verordnung erlassen und veröffentlicht:

§ 1

Die Gebühr für Entscheidungen der Wasserpolizei beträgt:

a) für Anlagen, die gewerblichen Zwecken dienen, bei Neuanlagen oder Veränderungen von Anlagen

bis 5 000 Goldmark Baukostenwert . 3 v. H., mindestens jedoch 10 Goldmark,
über 5000 Goldmark bis 30000 Goldmark Baukostenwert . . . . 2,5 v. H., mindestens jedoch 150 Goldmark,
über 30000 Goldmark Baukostenwert 2 v. H., mindestens jedoch 750 Goldmark;

b) für Anlagen, die nicht gewerblichen Zwecken dienen, die Hälfte der vorstehenden Sätze zu a;

c) für die Abnahme von Personenfahrzeugen für den Kopf der polizeilich zugelassenen Höchstzahl von Fahrgästen . . . . 0,25 Goldmark,
mindestens jedoch . . . . 5,00 „
höchstens . . . . 50,00 „

d) für die Abnahme von Personenfahrzeugen ohne Neuvermessung des Fahrzeuges bezüglich der Personenplätze: die Hälfte der vorstehenden Sätze zu c;

e) für die Betriebsabnahme von Badeanstalten [2]): die Hälfte der Sätze zu a und b.

§ 2

Handelt es sich bei den Entscheidungen um die Benutzung eines Wasserlaufs (z. B. Ein- und Ableitungen, Stauanlagen usw.), so tritt an Stelle des Baukostenwerts (§ 1a und b) der Wert der Benutzung, wenn er höher ist als der Wert der zugehörigen Bauanlage.

§ 3

Die Gebühr für die Beaufsichtigung von Regatten, Wettschwimmen, Korsofahrten, Feuerwerken usw.
beträgt . . . . 10 Goldmark,
nach 8 Uhr abends . . . . 20 „

§ 4

Im übrigen verbleibt es bei den Bestimmungen der Allgemeinen Verwaltungsgebührenordnung vom 29. Dezember 1923.

Neben den durch diese Verordnung vorgeschriebenen Gebühren ist ein Stempel nicht zu erheben.

§ 5

Diese Verordnung tritt am Tage der Veröffentlichung in Kraft.

Anm. [1]) Hierzu E. des LM. und FM. vom 7.7.1924, $\frac{\text{Abw. W. 4002. III}}{\text{VI. 15493. II. Ang.}}$, I. D. 2. 956:

Die GO. betrifft auch die Amtshandlungen der Wasserpolizeibehörden für Wasserläufe II. und III. Ordnung. — Soweit die Amtshandlungen für die Reichswasserstraßenverwaltung ausgeübt werden, sind die Gebühren . . . zur Reichskasse zu vereinnahmen.

[2]) Die alljährlich wiederkehrende Betriebsabnahme einer gewerblichen Badeanstalt dagegen ist nicht gebührenpflichtig, wenn es sich um die unveränderte Weiterführung einer bereits wasserpolizeilich genehmigten Anlage handelt. Die Gebührenpflicht würde erst in Frage kommen, wenn die Anlagen wesentlich verändert sind und deshalb einer Genehmigung bedürfen (§ 22 des Wassergesetzes vom 7. 4. 13 — GS. S. 53). In diesem Fall richtet sich die BG. nach dem Baukostenwert der Veränderung. E. des LM. vom 31. 7. 1924/AbwW. 5162. I.

3. Baupolizeigebührenordnung für die Inanspruchnahme der staatlichen Baupolizeiverwaltungen in der Provinz Hannover und in den zur früheren Provinz Posen gehörigen Landesteilen der Grenzmark Posen-Westpreußen.

Vom 6. Februar 1924.

(V.M.Bl. S. 81.)

Auf Grund des Gesetzes über staatliche Verwaltungsgebühren vom 29. September 1923 (Gesetzsamml. S. 455) wird für die Inanspruchnahme der staatlichen Baupolizeiverwaltungen in der Provinz Hannover und in den zur früheren Provinz Posen gehörigen Landesteilen der Grenzmark Posen-Westpreußen folgende Gebührenordnung erlassen:

§ 1

Für die Genehmigung und Beaufsichtigung von Neubauten, Umbauten und anderen baulichen Herstellungen sind die nachstehenden Gebühren zur Staatskasse zu entrichten:

I. beim Neubau von Gebäuden mit Ausnahme der unter II aufgeführten, von Hofkellern und sonstigen selbständigen Keller-

anlagen für je 100 cbm Rauminhalt . . 6,00 Goldmark,
jedoch mindestens . . . . 30,00 „ ;

II. beim Neubau von Gebäuden untergeordneter Bedeutung, z. B. von Stallgebäuden — mit Ausnahme der gewerbsmäßig betriebenen Reit-, Fuhr-, Pensions- und Verkaufsstallungen —, von Waschhäusern, Scheunen, Schuppen, Gewächshäusern, Kegelbahnen, Verbindungshallen und dgl., sowie von hallenartigen Gebäuden einfachster Konstruktion für je 100 cbm Rauminhalt . . . . 3,00 Goldmark,
jedoch mindestens . . . . 15,00 „
und bei Schuppen und Buden von nicht mehr als 30 cbm Rauminhalt . . . . . 9,00 „ ;

III. bei erheblicheren Um- und Erweiterungsbauten dieselben Einheits- und Mindestsätze wie zu I und II, mit der Maßgabe, daß bei der Berechnung nur diejenigen Räume berücksichtigt werden, um deren Neuanlage oder Umgestaltung es sich handelt.

IV. bei Herstellung von Kranen, Fördergerüsten, Turmdächern und dgl. für je 1 t Eisengewicht . . . . . . 10,00 Goldmark,
jedoch mindestens . . . . 50,00 „ ;

V. bei allen sonstigen Herstellungen und Umbauten geringeren Umfanges . . . . 6,00 Goldmark.

Gebührenfrei ist die Genehmigung der Anlegung und Umänderung von Heiz- und Kochöfen, von Asch- und Müllbehältern, Abort- und Sammelgruben, von Zäunen und Baubuden nebst zugehörigen Aborten.

§ 2

Außer den Sätzen des § 1 werden als Zuschlagsgebühr erhoben:

I. für die Prüfung und Beaufsichtigung

a) von Verbundkonstruktionen (eisenbewehrte Massivdecken nebst ebensolchen Stützen) sowie von verbundenen und fachwerkartigen Eisen- und Holzkonstruktionen (Dachstühle) für je 100 qm Grundfläche in jedem Geschoß . 10,00 Goldmark,
jedoch mindestens . . . . 50,00 „ ;

b) von künstlichen Gründungen für je 100 qm Kellergrundfläche . . . . 10,00 Goldmark,
jedoch mindestens . . . . 50,00 „ .

Diese Zuschlagsgebühr wird nur bei den im § 1 Ziffer I und III genannten Bauten erhoben, sofern die Grundfläche zu a und b größer als 50 qm ist. Sie wird nur zur Hälfte erhoben, wenn die Prüfung des Entwurfs durch die staatliche Prüfungsstelle für statische Berechnungen stattfindet (vgl. Ziffer VII). Zeigen mehrere der unter a und b aufgeführten Konstruktionen eines Bauwerkes gleiche Ausführung und Abmessungen, so wird die Zuschlagsgebühr nur für eine Konstruktion voll, für die anderen nur zur Hälfte in Rechnung gestellt.

II. a) für Nachtragsentwürfe, welche von den genehmigten Entwürfen wesentlich abweichen, die Mindestsätze des § 1 unter I bis V;

b) für neue statische Berechnungen der unter Ziffer I a und b fallenden Bauausführungen die Hälfte der Gebühren unter Ziffer I, jedoch mindestens . . . . . 25,00 Goldmark;

III. a) für jede gesonderte Rohbauabnahme einzelner Bauarbeiten und Bauteile sowie für jede Wiederholung eines fruchtlos verlaufenden Rohbauabnahmetermins die Mindestsätze des § 1 Ziffer I bis V;

b) für jede gesonderte Gebrauchsabnahme einzelner Bauarbeiten und Bauteile sowie für die Wiederholung eines fruchtlos verlaufenden Gebrauchsabnahmetermins die Hälfte der Mindestsätze des § 1 Ziffer I bis V;

IV. für Verlängerung der Baugenehmigung jedesmal ein Fünftel der Gebühren des § 1 und gegebenenfalls des § 2 Ziffer I;

V. für die Prüfung der zu einem erteilten Dispens gehörigen Unterlagen und Beaufsichtigung der Ausführung 30,00 Goldmark,
bei geringfügigen Abweichungen von der Bauordnung kann eine Ermäßigung auf . . . . 15,00 Goldmark eintreten;

VI. für die Prüfung eines Vorentwurfs die Hälfte der im § 1 bestimmten Sätze. Erfolgt die Ausführung im wesentlichen nach Maßgabe des Vorentwurfs, so kommt die Hälfte der Vorentwurfsgebühr auf die Gebühr des § 1 in Anrechnung;

VII. insoweit eine Prüfung der Baugesuche durch die staatliche Prüfungsstelle für statische Berechnungen stattfindet, Gebühren nach der für diese Prüfungsstelle erlassenen Gebührenordnung.

§ 3

Der Rauminhalt der Gebäude wird durch Multiplikation der für die Bebauung in Aussicht genommenen Grundfläche mit der Höhe — von der Kellersohle oder, wo ein Keller nicht vorhanden ist, vom Fußboden des Erdgeschosses bis zur Oberkante des Hauptgesimses gemessen — festgestellt.

Die oberhalb des Hauptgesimses liegenden Gebäudeteile sowie Balkone und Erker werden — abgesehen von den im § 1 Ziffer IV bezeichneten — nicht berechnet.

Bei Hofkellern und sonstigen selbständigen Kelleranlagen ist die Höhe von der Kellersohle bis zur Erdoberfläche maßgebend.

Die über ein volles Hundert überschießenden Kubikmeter oder Quadratmeter werden für ein volles Hundert gerechnet, desgleichen die Überschüsse voller Tonnen bei § 1 Ziffer IV.

§ 4

I. Gebührenfrei sind diejenigen Bauten, bei denen der Staat mit Patronatsbeiträgen, Gnadengeschenken oder sonstigen baren Beihilfen (abgesehen von Darlehen für Wohnungsbauten) beteiligt ist. Im übrigen gelten die §§ 2 und 3 der allgemeinen Verwaltungsgebührenordnung vom 29. Dezember 1923 (Preußisches Besoldungsblatt S. 247).

II. Für Wohnungsbauten, die mit öffentlichen Zuschüssen[1]) errichtet werden, werden die Gebühren nach § 1 und § 2 Ziffer I bis VI nur zur Hälfte erhoben.

§ 5

Die Gebühren sind in den Fällen des § 1 und § 2 Ziffer I und VII bei Aushändigung der Baugenehmigung, in den Fällen des § 2 bei Aushändigung der Nachtragsgenehmigung (Ziffer II), des Rohbau- oder des Gebrauchsabnahmescheins (Ziffer III), bei Wiederaushändigung der mit dem Verlängerungsvermerke versehenen Baugenehmigung (Ziffer IV), bei Empfang des Dispensbescheides (Ziffer V) oder des Bescheides auf den Vorentwurf (Ziffer VI), spätestens aber binnen 2 Wochen nach erfolgter Benachrichtigung zu entrichten.

§ 6

Diese Gebührenordnung tritt am 15. Februar 1924 in Kraft.

Im übrigen werden die Baupolizeigebührenordnung für die Inanspruchnahme der staatlichen Baupolizeiverwaltungen in der Provinz Hannover vom 16. März/19. November 1923 und die Baupolizeigebührenordnung für das platte Land der zur früheren Provinz Posen gehörigen Landesteile der Grenzmark Posen-Westpreußen vom 17. Juni 1922/29. September 1923 mit dem Inkrafttreten der vorliegenden Gebührenordnung aufgehoben.

Anm. [1]) Die Hauszinssteuerhypotheken (E. des M. f. V. vom 10. 4. 1924/II. 13. 1218) sind nicht als öffentliche Zuschüsse im Sinne dieser Bestimmung anzusehen. E. des M. f. V. vom 8. 5. 1924/II. 9. 185.

4. Baupolizeigebührenordnung für die Inanspruchnahme der staatlichen Baupolizeiverwaltungen in der Provinz Hessen-Nassau.

Vom 6. Februar 1924.

(V.M.Bl. S. 81.).

Auf Grund des Gesetzes über staatliche Verwaltungsgebühren vom 29. September 1923 (Gesetzsamml. S. 455) wird für die Inanspruchnahme der staatlichen Baupolizeiverwaltungen in der Provinz Hessen-Naussau folgende Gebührenordnung erlassen:

§ 1

Für die Genehmigung von Neubauten, Umbauten und anderen baulichen Herstellungen sind die nachstehenden Gebühren zur Staatskasse zu entrichten:

I. beim Neubau von Gebäuden mit Ausnahme der unter II aufgeführten, von Hofkellern und sonstigen selbständigen Kelleranlagen für 100 cbm Rauminhalt . . . . 3,00 Goldmark, jedoch mindestens . . . . 15,00 „ ;

II. beim Neubau von Gebäuden untergeordneter Bedeutung, z. B. von Stallgebäuden — mit Ausnahme der gewerbsmäßig betriebenen Reit-, Fuhr-, Pensions- und Verkaufsstallungen —, von Waschhäusern, Scheunen, Schuppen, Gewächshäusern, Kegelbahnen, Verbindungshallen und dgl., sowie von hallenartigen Gebäuden einfachster Konstruktion für 100 cbm Rauminhalt . . . . 1,50 Goldmark, jedoch mindestens . . . . 7,50 „ und bei Schuppen und Buden von nicht mehr als 30 cbm Rauminhalt . . . . 4,50 „ ;

III. bei erheblicheren Um- und Erweiterungsbauten dieselben Einheits- und Mindestsätze wie zu I und II, mit der Maßgabe, daß bei der Berechnung nur diejenigen Räume berücksichtigt werden, um deren Neuanlage oder Umgestaltung es sich handelt;

IV. bei Herstellung von Kranen, Fördergerüsten, Turmdächern und dgl. für je 1 t Eisengewicht . . . . . . 5,00 Goldmark, jedoch mindestens . . . . 25,00 „ ;

V. bei allen sonstigen Herstellungen und Umbauten geringeren Umfangs . . . . 3,00 Goldmark.

Gebührenfrei ist die Genehmigung der Anlegung und Umänderung von Heiz- und Kochöfen, von Asch- und Müllbehältern, Abort- und Sammelgruben, von Zäunen und Baubuden nebst zugehörigen Aborten.

§ 2

Außer den Sätzen des § 1 werden als Zuschlagsgebühr erhoben:

I. für die Prüfung:

a) von Verbundkonstruktionen (eisenbewehrte Massivdecken nebst ebensolchen Stützen) sowie von verbundenen und fachwerkartigen Eisen- und Holzkonstruktionen (Dachstühle) für je 100 qm Grundfläche in jedem Geschoß . 5,00 Goldmark, jedoch mindestens . . . . 25,00 „ ;

b) von künstlichen Gründungen für je 100 qm Kellergrundfläche . . . . 5,00 Goldmark, jedoch mindestens . . . . 25,00 „ .

Diese Zuschlagsgebühr wird nur bei den im § 1 Ziffer I und III genannten Bauten erhoben, sofern die Grundfläche zu a und b größer als 50 qm ist. Sie wird nicht erhoben, wenn die Prüfung des Entwurfes durch die staatliche Prüfungsstelle für statische Berechnungen stattfindet (vgl. Ziffer VI). Zeigen mehrere der unter a und b aufgeführten Konstruktionen eines Bauwerkes gleiche Ausführungen und Abmessungen, so wird die Zuschlagsgebühr nur für eine dieser Konstruktionen in Rechnung gestellt.

II. a) für Nachtragsentwürfe, welche von den genehmigten Entwürfen wesentlich abweichen, die Mindestsätze des § 1 unter I bis V;

b) für neue statische Berechnungen der unter Ziffer I a und b fallenden Bauausführungen die Hälfte der Gebühren unter Ziffer I, jedoch mindestens . . . . . 12,50 Goldmark;

III. für Verlängerung der Baugenehmigung jedesmal ein Fünftel der Gebühren des § 1 und gegebenenfalls des § 2 Ziffer I;

IV. für die Prüfung der zu einem erteilten Dispens gehörigen Unterlagen . . . . 15,00 Goldmark, bei geringfügigen Abweichungen von der Bauordnung kann eine Ermäßigung auf . . . . 7,50 Goldmark eintreten;

V. für die Prüfung eines Vorentwurfes die im § 1 bestimmten Sätze. Erfolgt die Ausführung im wesentlichen nach Maßgabe des Vorentwurfes, so kommt die Hälfte der Vorentwurfsgebühr auf die Gebühr des § 1 in Anrechnung;

VI. insoweit eine Prüfung der Baugesuche durch die staatliche Prüfungsstelle für statische Berechnungen stattfindet, Gebühren nach der für diese Prüfungsstelle erlassenen Gebührenordnung.

§ 3

Der Rauminhalt der Gebäude wird durch Multiplikation der für die Bebauung in Aussicht genommenen Grundfläche mit der Höhe — von der Kellersohle oder, wo ein Keller nicht vorhanden ist, vom Fußboden des Erdgeschosses bis zur Oberkante des Hauptgesimses gemessen — festgestellt.

Die oberhalb des Hauptgesimses liegenden Gebäudeteile sowie Balkone und Erker werden — abgesehen von den im § 1 Ziffer IV bezeichneten — nicht berechnet.

Bei Hofkellern und sonstigen selbständigen Kelleranlagen ist die Höhe von der Kellersohle bis zur Erdoberfläche maßgebend.

Die über ein volles Hundert überschießenden Kubikmeter oder Quadratmeter werden für ein volles Hundert gerechnet, desgleichen die Überschüsse voller Tonnen bei § 1 Ziffer IV.

§ 4

I. Gebührenfrei sind diejenigen Bauten, bei denen der Staat mit Patronatsbeiträgen, Gnadengeschenken oder sonstigen baren Beihilfen (abgesehen von Darlehen für Wohnungsbauten) beteiligt ist. Im übrigen gelten die §§ 2 und 3 der allgemeinen Verwaltungsgebührenordnung vom 29. Dezember 1923 (Preußisches Besoldungsblatt S. 247).

II. Für Wohnungsbauten, die mit öffentlichen Zuschüssen [1]) errichtet werden, werden die Gebühren nach § 1 und § 2 Ziffer I bis V nur zur Hälfte erhoben.

§ 5

Die Gebühren sind in den Fällen des § 1 und des § 2 Ziffer I und VI bei Aushändigung der Baugenehmigung, in den Fällen des § 2 bei Aushändigung der Nachtragsgenehmigung (Ziffer II), bei Wiederaushändigung der mit dem Verlängerungsvermerke versehenen Baugenehmigung (Ziffer III), bei Empfang des Dispensbescheides (Ziffer IV) oder des Bescheides auf den Vorentwurf (Ziffer V), spätestens aber binnen 2 Wochen nach erfolgter Benachrichtigung zu entrichten.

§ 6

Diese Gebührenordnung tritt am 15. Februar 1924 in Kraft. Im übrigen wird die Baupolizeigebührenordnung für die Inanspruchnahme der staatlichen Baupolizeiverwaltungen in der Provinz Hessen-Nassau vom 19. März/19. November 1923 mit dem Inkrafttreten der vorliegenden Gebührenordnung aufgehoben.

Anm. [1]) Vgl. Anm. 1 zu § 4 der vorstehend abgedruckten GO. auf S. 77.

5. Gebührenordnung für das Verwaltungsstreitverfahren [1]).
Vom 7. Februar 1924.

(MBliV. S. 133.)

Gemäß § 106 des Ges. über die allgemeine Landesverwaltung v. 20. 7. 1883 (GS. S. 195) und § 8 Abs. 3 des Ges. über die Erhebung staatlicher Verwaltungsgebühren v. 29. 9. 1923 (GS. S. 455) in der Fassung des § 15 der Goldabgabenverordnung v. 18. 1. 1924 (GS. S. 40) bestimmen wir hiermit in Abänderung des Tarifs für die Berechnung des Kostenpauschquantums im Verwaltungsstreitverfahren v. 27. 2. 1884 (MBliV. S. 30ff.) in der Fassung der Verfügung des M. d. J. und des Fin.-Min. v. 17. 9. 1923 — I a 669 bzw. I. F. 4489 (MBliV. S. 962):

A. Ziff. I des Tarifs erhält folgende Fassung:

„I. Der nach §§ 106, 107 des Landesverwaltungsgesetzes zur Hebung kommende Kostenpauschsatz (Gebühr) wird nach dem Werte des Streitgegenstandes berechnet und beträgt — vorbehaltlich der Bestimmungen unter II, III, IV, IV a, IV b —

1. bei dem Oberverwaltungsgericht:

bis zu 20 Goldmark (einschl.) des Streitwertes . . 3 Goldmark,
von mehr als 20 bis zu 60 Goldmark (einschl.) des Streitwertes . . . . 4 Goldmark;
bei Gegenständen mit höherem Streitwert beträgt die Gebühr von dem auf die nächsthöheren 100 Goldmark aufgerundeten Werte bis zu 5000 Goldmark (einschl.) . . . . 5 v. H.
von dem Mehrbetrage . . . . 4 v. H.

2. bei den Bezirksausschüssen:

bis zu 20 Goldmark (einschl.) des Streitwertes . . 2 Goldmark,
von mehr als 20 bis zu 60 Goldmark (einschl.) des Streitwertes . . . . 3 Goldmark,
bei Gegenständen mit höherem Streitwert beträgt die Gebühr von dem auf die nächsthöheren 100 Goldmark aufgerundeten Werte bis zu 5000 Goldmark (einschl.) . . . . 4 v. H.,
von dem Mehrbetrage . . . . 3 v. H.

3. bei den Kreisausschüssen und den an Stelle des Kreisausschusses tretenden Behörden:

bis zu 20 Goldmark (einschl.) des Streitwertes . . 1 Goldmark,
von mehr als 20 bis zu 60 Goldmark (einschl.) des Streitwertes . . . . 2 Goldmark,
bei Gegenständen mit höherem Streitwert beträgt die Gebühr von dem auf die nächsthöheren 100 Goldmark aufgerundeten Werte bis zu 5000 Goldmark (einschl.) . . . . 3 v. H.
von dem Mehrbetrage . . . . 2 v. H.

Bei der Berechnung sich ergebende Markbrüche werden auf volle 0,50 Goldmark nach unten abgerundet. Die Mindestgebühr beträgt in allen Fällen 0,50 Goldmark."

B. Hinter Ziff. IVa des Tarifs wird als neue Ziff. IVb eingeschaltet: „Ergeht die Entscheidung ohne vorherige mündliche Verhandlung, so wird die Hälfte der nach I bis IVa zu berechnenden Gebühr erhoben."

C. Ziff. V des Tarifs mit den dazu gehörigen Berechnungstabellen (MBliV. 1922 S. 527, 528) fällt fort.

D. Ziff. VIII Abs. 1 des Tarifs erhält folgende Fassung: „Ist der Wert des Streitgegenstandes einer Schätzung nach Geld nicht fähig, so wird der Wert zur Berechnung des Kostenpauschsatzes (Gebühr) je nach der größeren oder geringeren Wichtigkeit der Sache für die streitenden Parteien auf 100 bis 50000 Goldmark angenommen."

E. Für die im Laufe des Verwaltungsstreitverfahrens ergehenden Beschlüsse, soweit sie gebührenpflichtig sind, findet die Gebührenordnung für das Beschlußverfahren[2]), deren Erlaß bevorsteht, Anwendung.

F. Für die Berechnung der Goldmarkbeträge des Tarifs gelten die Bestimmungen des § 5 der allgemeinen Verwaltungsgebührenordnung vom 29. 12. 1923 (GS. 1924 S. 1).

G. Die vorstehenden Bestimmungen finden Anwendung auf die Berechnung des Kostenpauschsatzes in allen Verwaltungsstreitsachen, in denen die Festsetzung des Streitgegenstandes oder der Kosten am 10. 2. 1924 noch nicht endgültig stattgefunden hat.

Anm. [1]) Auf Grund des Artikel III § 194a des Gesetzes vom 14. Juli 1905, betreffend die Abänderung einzelner Bestimmungen des Allgemeinen Berggesetzes vom 24. Juni 1865/1892 (GS. S. 307), in der Fassung der Gesetze vom 28. Juli 1909 (GS. S. 677) und vom 6. August 1921 (GS. S. 486) sowie des § 106 des Gesetzes über die allgemeine Landesverwaltung vom 30. Juli 1883 (GS. S. 195) und § 8 Abs. 3 des Gesetzes über staatliche Verwaltungsgebühren vom 29. September 1923 (GS. S. 455) in der Fassung des § 15 der Goldabgabenverordnung vom 18. Januar 1924 (GS. S. 40) hat der HM. in Gemeinschaft mit dem FM. in Abänderung des Tarifs für die Berechnung des Kostenpauschquantums in dem vor den Bergausschüssen und dem Oberverwaltungsgerichte stattfindenden Verwaltungsstreitverfahren vom 8. Dezember 1905 (HMBl. S. 339) in der Fassung vom 11. Juli 1922 (HMBl. S. 146) durch V. vom 24. 3. 1924 (HMBl. S. 103) gleichlautende Bestimmungen, jedoch mit den folgenden geringfügigen Änderungen erlassen:

1. In Abs. A I fällt „IV b" fort;
2. in Abs. A 2 heißt es statt „Bezirksausschüssen": „Bergausschüssen";
3. Abs. A 3 fällt fort.
4. Abs. B lautet:

In Ziffer II des Tarifs fällt der zweite Satz: „Gelangt das Verfahren . . weg" fort;

5. die Absätze B bis G sind mit C bis H bezeichnet;
6. in Abs. B (hier C) tritt an Stelle von „IVa" und „IVb": „IV" und „IVa";

7 in Abs. C (hier D) heißt es statt „(MBl. i. V. . . .)“: „(HMBl. 1922 S. 148)“

²) Vgl. T. Nr. 3 der VGO. des M. d. J. vom 25. 4. 1924 (unten S. 96).

6. Gebührenordnung für die Ausfertigung, Abänderung usw. der Zulassungsurkunden für Buchmacher und Buchmachergehilfen.

Vom 28. Februar 1924.

(LMBl. S. 268.)

1. . . . . [1]).

2. Gebührenordnung.

Die durch Anordnung vom 6. Oktober 1923 (Deutscher Reichs- und Preußischer Staatsanzeiger Nr. 261 vom 9. November 1923) in Goldmark festgesetzten Gebührensätze für die Ausfertigung, Abänderung usw. der Zulassungsurkunden für Buchmacher und Buchmachergehilfen werden auf Grund des Gesetzes über staatliche Verwaltungsgebühren vom 29. September 1923 (Gesetzsamml. S. 455) und der Allgemeinen Verwaltungsgebührenordnung vom 29. Dezember 1923 (Gesetzsamml., Jahrgang 1924, S. 1) wie folgt neu festgesetzt:

Es sind zu entrichten:	Goldmark
für die Zulassungsurkunde eines Buchmachers . . .	50,00
für die Zulassungsurkunde eines Buchmachergehilfen	25,00
für notwendig werdende Abänderungen der Urkunden bezüglich der Wohnung oder der Geschäftsräume des Inhabers	5,00
für jede notwendig werdende Neuausfertigung einer Urkunde innerhalb des Zeitraums, auf den sich die Erlaubnis erstreckt,	
a) für Buchmacherurkunden	25,00
b) für Buchmachergehilfenurkunden	12,50
für die Erlaubniserteilung zur Betätigung des Buchmachers auf einer außerhalb seines Zulassungsbezirks belegenen Rennbahn	12,50.

Im übrigen gelten die Vorschriften der allgemeinen Verwaltungsgebührenordnung.

3. Diese Anordnung tritt mit ihrer Veröffentlichung in Kraft.

4. Die die Gebührenfestsetzung betreffende Anordnung vom 6. Oktober 1923 tritt hiermit außer Kraft.

Anm. [1]) Ziff. 1 enthält eine nicht die Gebührenerhebung betreffende Bestimmung.

7.

a. Verwaltungsgebührenordnung für Angelegenheiten der Justizverwaltung.

Vom 26. März 1924.

(JMBl. S. 135.)

Auf Grund des § 4 Abs. 1 des Gesetzes über staatliche Verwaltungsgebühren vom 29. September 1923 (Gesetzsamml. S. 455) ordne ich im Einvernehmen mit dem Finanzminister folgendes an:

§ 1

Die Vorschriften der Allgemeinen Verwaltungsgebührenordnung vom 29. Dezember 1923 (Gesetzsamml. 1924 S. 1) und die Bestimmungen unter 1 bis 9 der dazu ergangenen Ausführungsanweisung von dem gleichen Tage (PrBesBl. S. 249) gelten auch für die Amtshandlungen im Bereiche der Justizverwaltung, soweit nicht in dieser Verordnung abweichende Bestimmungen getroffen worden sind.

§ 2

Die Gebühren fließen in die Staatskasse; sie werden nach den für Gerichtsgebühren geltenden Vorschriften eingezogen und auch sonst als Gerichtsgebühren behandelt. Der § 6 Abs. 2 des Preußischen Gerichtskostengesetzes findet entsprechend Anwendung. Die Entrichtung der Verwaltungsgebühren kann auch durch Verwendung von Kostenmarken erfolgen.

§ 3

Unbeschadet der Bestimmungen in § 2 Nr. 1 und 2 und in § 3 der Allgemeinen Verwaltungsgebührenordnung sind gebührenfrei:

1. Alle Angelegenheiten in Gnadensachen mit Ausnahme der Angelegenheiten, welche den Erlaß oder die Ermäßigung von nicht in Strafsachen erwachsenen Kosten und von Stempelabgaben betreffen;

als gebührenfrei kommen hiernach insbesondere in Betracht Amtshandlungen aus Anlaß von Gesuchen um Erlaß, Umwandlung und Aufschub von Strafen aller Art;

2. Amtshandlungen aus Anlaß von Anträgen gemäß § 8 des Gesetzes über beschränkte Auskunft aus dem Strafregister und die Tilgung von Strafvermerken vom 9. April 1920 (RGBl. 1920 S. 507 und 1924, I S. 44);

3. Amtshandlungen aus Anlaß der von Gefangenen während der Haftzeit an Justizbehörden gerichteten Gesuche, Anträge und Beschwerden, soweit sie die Freiheitsentziehung, insbesondere die Art der Behandlung in der Gefangenanstalt, zum Gegenstande haben;

4. Amtshandlungen aus Anlaß von Anträgen, betreffend Entschädigung der im Wiederaufnahmeverfahren freigesprochenen Personen und für unschuldig erlittene Straf- und Untersuchungshaft sowie betreffend sonstige Beschuldigten zu gewährende Vergütungen für die ihnen ohne ihr Verschulden aus dem Strafverfahren erwachsenen Nachteile und betreffend Festsetzung der einem Rechtsanwalte gemäß § 150 der Strafprozeßordnung zu zahlenden Gebühren;

5. Amtshandlungen aus Anlaß von Anträgen auf Bestimmung des zuständigen Gerichts;

6. Entscheidungen über Anträge auf Erteilung der Ehelichkeitserklärung (§ 1723 BGB.) und auf Bewilligung der Befreiung vom Alterserfordernisse bei Annahme an Kindes Statt (§§ 1744, 1745 BGB.).

§ 4

Für die Gebühren im Bereiche der Justizverwaltung ist der dieser Verordnung beigefügte Tarif maßgebend.

§ 5

In den Fällen des § 12 der Allgemeinen Verwaltungsgebührenordnung findet gegen die Beschwerdeentscheidung eine weitere Beschwerde nicht statt.

§ 6

Die Verordnung tritt am 1. April 1924 in Kraft und findet Anwendung auf alle Amtshandlungen, die nach dem 31. März 1924 vollendet worden sind.

Tarif

A. Gebühren der Allgemeinen Verwaltungsgebührenordnung[1]).

Lfd. Nr.	Gegenstand der Gebührenerhebung	Gebühr Goldmark
	Es werden an Gebühren erhoben für:	
1	a) einfache Abschriften, Auskünfte u. dgl., Aufnahme von Verhandlungen (Protokolle) ein der Höhe der Schreibgebühren entsprechender Betrag, und zwar für jede angefangene Seite .	0,20
	mindestens jedoch der Betrag der im § 6 Abs. 1 AVGO. vorgesehenen Mindestgebühr;	
	b) Auszüge aus den Akten, öffentlichen Verhandlungen, amtlich geführten Büchern, Registern und Rechnungen für jede angefangene Seite . . .	0,50—1
	Bemerkungen zu 1 a und b: 1. Aus Billigkeitsgründen kann von einer Gebührenerhebung abgesehen werden.	
	2. In Rechtssachen, die unter das Deutsche oder Preußische Gerichtskostengesetz fallen, finden die Vorschriften der Tarifstelle 1 keine Anwendung, gleichviel ob die Angelegenheit noch schwebt oder bereits endgültig abgeschlossen ist.	
2	Ausfertigungen von Schriftstücken, soweit nicht auf Grund dieser Gebührenordnung oder ihres Tarifs eine besondere Gebühr zu entrichten oder Gebührenfreiheit angeordnet ist, und für zweite, dritte und weitere Ausfertigungen (Nebenausfertigungen) die Gebühr wie für einfache Abschriften und die Beglaubigungsgebühr (Ziffer 4).	
	Bestallungen sind gebührenfrei.	
	Bemerkung: Die Bemerkungen zu Tarifstelle 1 a und b finden Anwendung.	
3	Bescheide auf Gesuche, Anfragen und Anträge sowie abweisende Bescheide auf Beschwerden, sofern sie nicht im inneren Behördenbetrieb ergehen,	
	bei den unteren Behörden	1—100

Lfd. Nr.	Gegenstand der Gebührenerhebung	Gebühr Goldmark
	bei den Oberlandesgerichten, den Staatsanwaltschaften bei diesen Gerichten und den Strafvollzugsämtern	2—200
	bei dem Justizministerium	3—300
	Bemerkungen: 1. Als zum inneren Behördenbetriebe gehörig sind auch anzusehen alle mit dem Dienstverhältnisse der noch nicht ausgeschiedenen Beamten, Angestellten und Arbeiter in Verbindung stehenden Angelegenheiten, z. B. Zulassungen, Vereidigungen, Versetzungen, Beurlaubungen, Genehmigungen aller Art, Festsetzungen des Besoldungsdienstalters usw.	
	2. Bezüglich der Erteilung von Bescheiden auf Gesuche von Versorgungsanwärtern um Vormerkung für Beamtenstellen wird auf den Runderlaß vom 31. Januar 1924 (PrBesBl. Nr. 8 von 1924 S. 23) verwiesen. Die Vorschrift in Abs. 2 dieses Erlasses ist auch auf Bescheide an Empfänger von Versorgungsbezügen und Wartegeldempfänger anzuwenden.	
	3. Unter Tarifstelle 3 fallen u. a.: abweisende Bescheide auf Erinnerungen und Beschwerden in gerichtlichen Kosten- und Stempelsachen, soweit darüber im Verwaltungs- oder Aufsichtswege zu entscheiden ist;	
	Bescheide auf Gesuche und Anträge und abweisende Bescheide auf Beschwerden in Hinterlegungssachen;	
	Bescheide, die auf Grund des § 5 der Kassenordnung ergehen, mit Ausnahme der Genehmigung oder der Versagung zum Abschluß eines Vergleichs;	
	ablehnende Bescheide auf Anträge, betreffend Einwendungen gegen die Zwangsvollstreckung in Kosteneinziehungssachen.	
	Dagegen ist aus Billigkeitsgründen von der Erhebung einer Gebühr für Bescheide, in denen die	

Lfd. Nr.	Gegenstand der Gebührenerhebung	Gebühr Goldmark
	Stundung von Kosten oder die Abtragung der Kosten in Teilzahlungen genehmigt wird, abzusehen, wenn der Antragsteller zu der sofortigen Zahlung der Kostenschuld unvermögend ist. 4. Die Bemerkung unter Nr. 1 zu Tarifstelle 1 a und b findet Anwendung.	
4	Beglaubigungen (auch neben der nach Ziffer 1 fälligen Gebühr) und andere Zeugnisse, soweit sie nicht im inneren Behördenbetrieb ausgestellt werden . . Gebührenfrei sind: a) Zeugnisse über geleistete Arbeiten, den Besuch von Bildungsanstalten, Schulzeugnisse und dergleichen. b) Zeugnisse, welche zum Nachweise der Berechtigung zum Genusse von Wohltaten, Stiftungen und anderen Bezügen für hilfsbedürftige Personen dienen sollen, oder welche wegen Zahlung von Wartegeldern, Pensionen, Unterstützungsgeldern, Krankengeldern, Beerdigungskosten, Witwen- und Waisengeldern und ähnlichen Kosten und Geldern als Rechnungsbelege bei öffentlichen oder privaten Kassen und Anstalten eingereicht werden müssen. Bemerkung: Die Bemerkungen zu Tarifstelle 1 a und b und unter 1 zu Tarifstelle 3 finden Anwendung.	2
5	a) Gemäß Artikel 12 § 2 des Ausführungsgesetzes zum Bürgerlichen Gesetzbuche vorgenommene Beurkundungen von Grundstücksveräußerungen (einschließlich Versteigerungen) sowie Urkunden über die Abtretung von Aneignungsrechten aus § 928 Abs. 2 des Bürgerlichen Gesetzbuchs, sofern sie nicht zur Erlangung der Rechtswirksamkeit der Genehmigung oder des Beitritts einer Behörde bedürfen und diese Genehmigung nicht erteilt wird. b) Das Entsprechende gilt für das Erbbaurecht; besteht die Gegenleistung in einem Erbbauzins, so finden die Vorschriften des § 6 Abs. 9 bis 12 des Stempelsteuergesetzes entsprechende Anwendung.	1/10 v. H. des Kaufpreises (einschließlich des Wertes der ausbedungenen Leistungen und vorbehaltenen Nutzungen) oder des Grundstückswertes, falls ein Kaufpreis nicht in Frage kommt oder dieser geringer ist als der Grundstückswert.

Zusatz. Neben den unter Ziff. 1 bis 4 dieses Tarifs vorgeschriebenen Gebühren ist ein Stempel nach den Tarifstellen 1, 7, 10, 11, 16, 77 des Stempelsteuergesetzes nicht zu erheben. Soweit andere Tarifstellen des Stempelsteuergesetzes in Frage kommen, finden die Vorschriften unter Ziff. 1 bis 4 des vorstehenden Gebührentarifs keine Anwendung.

Anm. [1]) Vgl. die Ausführungsbestimmungen und Anmerkungen zur aVGO. S. 19 ff.

B. Sondergebühren im Bereich der Justizverwaltung.

Lfd. Nr.	Gegenstand der Gebührenerhebung	Gebühr Goldmark
1	a) Ernennung zum Notar (Artikel 78 des Preußischen Gesetzes über die freiwillige Gerichtsbarkeit)	50—200
	b) Anweisung eines anderen Amtssitzes für den Notar (Artikel 79 des Preußischen Gesetzes über die freiwillige Gerichtsbarkeit), falls sie auf seinen Antrag erfolgt	10—50
	c) Bestellung eines Vertreters für einen Notar (Artikel 99 des Preußischen Gesetzes über die freiwillige Gerichtsbarkeit)	5—30
2	a) Zulassung zur Rechtsanwaltschaft (§ 4 ff. der Rechtsanwaltsordnung)	20
	Die Gebühr wird sowohl für die erstmalige wie für jede weitere Zulassung besonders erhoben. Erfolgt jedoch die weitere Zulassung innerhalb zweier Jahre nach der früheren Zulassung, so ermäßigt sich die Gebühr auf	10
	Für die gleichzeitige Zulassung bei mehreren Gerichten kommt die Gebühr nur einmal zum Ansatz, wenn die Zulassung durch dieselbe Entscheidung erfolgt.	
	b) Bestellung eines Vertreters für einen Rechtsanwalt (§ 25 Abs. 2 der Rechtsanwaltsordnung)	5
	Bemerkung zu 2 a: Die Zulassung darf von der vorherigen Entrichtung der Gebühr nicht abhängig gemacht werden.	
3	Erlaubnis zum mündlichen Verhandeln vor Gericht	

Lfd. Nr.	Gegenstand der Gebührenerhebung	Gebühr Goldmark
	(§ 157 Abs. 4 der Zivilprozeßordnung; AV. vom 25. September 1899 — JMBl. S. 272 —) . .	10—50
4	Allgemeine Beeidigung von gerichtlichen Sachverständigen (§ 86 des Ausf.-Gesetzes zum Gerichtsverfassungsgesetze) mit Ausnahme der Beeidigung von Personen, die mit dem Forstschutze betraut sind (vgl. §§ 23, 24 des Forstdiebstahlsgesetzes und § 7 Abs. 1 Nr. 3 des Preußischen Gerichtskostengesetzes) . . .	5—50
5	Allgemeine Beeidigung von Dolmetschern (§ 191 Abs. 2 des Gerichtsverfassungsgesetzes), sofern sie nicht auf Grund der Dolmetscherordnung vom 18. Dezember 1899 (JMBl. S. 856) ernannt sind . .	5
6	Bescheide, Auskünfte, Auszüge und Abschriften, die auf Gesuche, Anfragen und Anträge aus den Akten, Büchern und Registern des vormaligen Heroldsamts im privaten Interesse erteilt werden	3—300
	Bemerkung: Neben dieser Gebühr kommen die Tarifstellen A 1 bis 4 nicht zur Anwendung.	
7	Prüfung von Ersuchen nach dem Ausland in Zivilsachen und in Angelegenheiten der freiwilligen Gerichtsbarkeit gemäß § 4 Abs. 1 der AV. vom 16. Juni 1910 (JMBl. S. 189)	
	a) bei Zustellungsersuchen	2
	b) bei Beweisbeschlüssen	
	erster Instanz	5
	zweiter Instanz	10
	c) bei sonstigen Ersuchen	3—10
	Für Prüfung von Gesuchen aus dem Ausland sind Gebühren nicht zu erheben.	
	Bemerkung: Die Erhebung der Gebühr ist durch den Landgerichtspräsidenten (Amtsgerichtspräsidenten) zu veranlassen.	
8	Bewilligung der Befreiung von dem Ehehindernisse	
	a) des Ehebruchs (§ 1312 des BGB.)	10—5000
	b) der mangelnden Ehemündigkeit (§ 1303 des BGB.)	5—500
9	Bewilligung der Befreiung von der Beibringung der	

Lfd. Nr.	Gegenstand der Gebührenerhebung	Gebühr Goldmark
	für Ausländer vorgeschriebenen Zeugnisse bei der Eheschließung (Artikel 43 §§ 1, 4 des Ausführungsgesetzes zum BGB.)[1]	10—5000
10	Genehmigung zu Namensänderungen:	
	a) zur Änderung des Familiennamens (Verordnungen vom 3. November 1919 — Gesetzsamml. S. 177 — und vom 30. Januar 1923 — Gesetzsamml. S. 21 —)	10—5000
	b) zur Änderuung eines Vornamens (Verordnung vom 29. Oktober 1920 — Gesetzsamml. S. 515 —)	5—500
	Bemerkung: Die Genehmigung zur Umwandlung eines fremdsprachigen in einen deutschen Namen ist gebührenfrei.	
11	Ausstellung von Zeugnissen über das in Preußen geltende Recht (§ 86 des Ausführungsgesetzes zum Gerichtsverfassungsgesetz)	3—100
12	[2]) Für Annahme und Verbuchung kassenmäßigen Geldes im Betrage von weniger als 20 Goldmark zum Zwecke der Hinterlegung	2

Zusätze. 1. Neben den im Abschnitt B vorgeschriebenen Gebühren ist ein Stempel, insbesondere nach den Tarifstellen 1, 7, 10, 11, 16, 42 und 77 des Preußischen Stempelsteuergesetzes, nicht zu erheben.

2. Von der Erhebung der Gebühren der Tarifstellen 1c, 2b, 6 bis 11 kann aus Billigkeitsgründen abgesehen werden.

Anm. [1]) Vgl. die entsprechende T. Nr. 12a der GO. des M. d. J. (S. 101).

[2]) Diese Tarifnummer ist durch V. vom 14. 5. 1924 (JMBl. S. 214) mit Wirkung ab 20. 5. 1924 eingefügt worden.

b. E. des Justizministers vom 26. 3. 1924 über die geschäftliche Behandlung der Verwaltungsgebühren (I. 6555).

(JMBl. S. 139.)

Kassenord. für die Justizbehörden v. 28. 3. 1907; § 10 der Geschäftsanw. für die Kassen der besonderen Strafanstalten v. 27. 3. 1919; AV. v. 12. 10. 1921 (JMBl. S. 528); Abschn II d. AV. v. 19. 12. 1923 (S. 759); AV. Nr. 4 v. 3. 1. 1924 (S. 5); Verwaltungsgebührenordnung für Angelegenheiten der Justizverwaltung (JVGO.) v. 26. 3. 1924 (S. 135); Allgemeine Verwaltungsgebührenordnung (aVGO.) v. 29. 12. 1923 (PBBl. S. 247); Runderlaß v. 31. 1. 1924 (a. a. O. S. 23).

1. Die Vorschriften über die Erhebung von Verwaltungsgebühren finden keine Anwendung, wenn Behörden der Justizverwaltung nicht in Ausübung der öffentlichen Gewalt, sondern als Vertreter des Fiskus auf dem Gebiete des Privatrechts (z. B. bei dem Abschlusse von Verträgen für die Justizverwaltung) tätig werden.

2. Bei der Bemessung der Gebühr für die Entscheidung einer übergeordneten Behörde (§ 9 Abs. 1 Satz 1 — zweiter Halbsatz — und Abs. 2 der aVGO.) ist auch von der im dritten Rechtszuge tätigen Behörde als Einsatzgebühr die Gebühr für die im ersten Rechtszug ergangene Entscheidung anzunehmen.

Beispiel: Als angemessen für eine von dem Aufsichtsrichter erlassene Entscheidung sind erachtet 20 Goldmark. Es beträgt die Gebühr für die Abweisung der gegen diese Entscheidung gerichteten Beschwerde 20 + 10 = 30 Goldmark und die Gebühr für die Abweisung der weiteren Beschwerde 20 + 10 + 10 = 40 Goldmark.

3. Auf die Berechnung, die Einziehung und die sonstige kassenmäßige Behandlung der Verwaltungsgebühren finden im übrigen mit den nachstehenden Erläuterungen die für Gerichtskosten geltenden Bestimmungen einschließlich der Vorschriften über Kostenmarken sinngemäß Anwendung.

4. Erfolgt die Erhebung von Verwaltungsgebühren durch Postnachnahme, so fällt dem Zahlungspflichtigen abweichend von der Bestimmung im § 28 Abs. 4 Satz 3, 5 der Kassenordnung in der Fassung der RV. v. 4. 12. 1923 — JMBl. S. 751 — regelmäßig auch die Vorzeigegebühr zur Last. Dies ist bei der Ausfertigung der Reinschriften der Kostenrechnungen zu beachten.

5. Wird die Niederschlagung oder die Zurückzahlung von Verwaltungsgebühren wegen irrigen Ansatzes oder (zu vgl. §§ 4, 12 aVGO.) infolge nachträglicher Ermäßigung oder nachträglichen Erlasses erforderlich, so hat der Bürobeamte mit dem Antrag auf Niederschlagung oder Zurückzahlung der Gerichtskasse auch die zugrunde liegende Entscheidung der zuständigen Behörde oder des zuständigen Beamten vorzulegen. Die Anordnung der Niederschlagung oder Zurückzahlung erfolgt durch den Kassenkurator.

6. Die bisherigen Bestimmungen über die Erhebung von Auslagen für die Herstellung von Schreibwerk in Justizverwaltungsangelegenheiten (zu vgl. die AV. v. 12. 10. 1921 — JMBl. S. 528 — in der durch Abschn. II der AV. v. 19. 12. 1923 — S. 759 — veränderten Fassung) verlieren für das Anwendungsgebiet der JVGO. die Bedeutung.

7. Diese Verfügung tritt zugleich mit der JVGO. in Kraft.

8. Verwaltungsgebührenordnung für Fischereischeine und Erlaubnisscheine zum Fischfang.

Vom 28. März 1924.

(LMBl. S. 237.)

Auf Grund des § 8 Abs. 3 des Gesetzes über staatliche Verwaltungsgebühren vom 29. September 1923 (Gesetzsamml. S. 455) wird gemäß § 4 Abs. 1 a. a. O. im Einverständnis mit dem Herrn Finanzminister folgendes verordnet:

§ 1

Als Verwaltungsgebühr sind zu erheben:

1. für Fischereischeine (§ 92 Abs. 1 des Fischereigesetzes) . . . . 2 Goldmark,
2. für die Beglaubigung von Erlaubnisscheinen zum Fischfang (§ 98 Abs. 8 des Fischereigesetzes) . . . . 1 Goldmark.

Für Doppelausfertigungen tritt keine Ermäßigung ein.

§ 2

Der Betrag zu § 1 Nr. 1 erhöht sich auf 10 Goldmark für Personen, die nicht die Reichsangehörigkeit besitzen. Für deutschstämmige Personen, die durch Gebietsabtretungen die Reichsangehörigkeit verloren haben, kann der Regierungspräsident die Gebühr bis auf den Satz für Inländer ermäßigen. Entgegenstehende Bestimmungen in Staatsverträgen bleiben unberührt.

Diese Verordnung tritt mit dem Tage der Veröffentlichung im Ministerialblatte der Preußischen Verwaltung für Landwirtschaft, Domänen und Forsten in Kraft.

9. Verwaltungsgebührenordnung des Ministeriums des Innern.

Vom 25. April 1924.

(MBliV. S. 481.)

Auf Grund des § 4 Abs. 1 des Gesetzes über staatliche Verwaltungsgebühren vom 29. September 1923 (Gesetzsamml. S. 455) und § 16 der Allgemeinen Verwaltungsgebührenordnung vom 29. Dezember 1923 (Gesetzsamml. 1924 S. 1) wird im Einverständnis mit dem Finanzminister, zugleich im Namen des Ministers für Landwirtschaft, Domänen und Forsten, folgendes angeordnet:

I.

§ 1

Für die Erhebung von staatlichen Verwaltungsgebühren im Geschäftsbereich des Ministeriums des Innern gelten die Bestimmungen der allgemeinen Verwaltungsgebührenordnung (aVGO.) vom 29. Dezember 1923 (Gesetzsamml. 1924 S. 1) und ihres Tarifs[1]), soweit nicht im folgenden Abweichungen vorgesehen sind.

Dies gilt auch für alle diejenigen Amtshandlungen, die von Kommunalbehörden kraft staatlichen Auftrags vorgenommen werden (vgl. § 2 des Gesetzes über staatliche Verwaltungsgebühren — VGG.). Hierzu gehören im Rahmen dieser Gebührenordnung die Tätigkeit im Verwaltungsstreitverfahren und Beschlußverfahren, die Polizeiverwaltung und Tätigkeit der Standesbeamten.

§ 2

Für die Höhe der Gebühren ist der nachstehende Tarif maßgebend.

§ 3

Die Erhebung einer Stempelsteuer neben den im Tarif aufgestellten Gebühren ist ausgeschlossen.

§ 4

Diese Verwaltungsgebührenordnung tritt mit dem Tage der Veröffentlichung im Ministerialblatt in Kraft; damit verlieren für die im Tarif geregelten Fälle die in früheren Verordnungen, Ausführungsvorschriften oder Erlassen getroffenen Anordnungen über die Erhebung staatlicher Verwaltungsgebühren ihre Gültigkeit, soweit nicht nachstehend Abweichendes bestimmt ist.

Die Erhebung von Benutzungs- oder Leistungsgebühren [2]) wird durch diese Verordnung nicht berührt.

Anm. [1]) Vgl. hierzu Ziff. 2 und 3 des E. des M. d. J. vom 20. 6. 1924 (MBl. i. V. S. 683) in Anm. [5]) zu T. Nr. 2.

[2]) Vgl. über den Begriff der Benutzungs- und Leistungsgebühren Ziff. 1 RL., S. 20.

II. Gebührentarif.

Lfd. Nr.	Gegenstand der Gebührenerhebung	Gebühr Goldmark
1	**Arbeiterlegitimationskarten,** Befreiungsscheine, Grenzläuferkarten für ausländische Arbeiter. Es verbleibt bei den Erlassen vom 14. Dezember 1923 — IV c 676 (MBliV. S. 1259) und vom 2. Februar 1924 — IV c 27 II (MBliV. S. 140) [1]).	
2	[2]) **Aufenthaltsgenehmigungen** für Ausländer [3]) (soweit solche nicht schon durch vorhandene gültige Sichtvermerke als erteilt gelten):	
	a) auf die Dauer bis zu 1 Jahr	5
	b) auf die Dauer bis zu 2 Jahren	10
	c) auf die Dauer bis zu 3 Jahren	15
	d) auf unbeschränkte Dauer einschließlich der besonderen Bescheinigungen gemäß Ziffer II und III des Ausweisungserl. vom 24. August 1923 — IV b 5671 (MBliV. S. 883)	20

Lfd. Nr.	Gegenstand der Gebührenerhebung	Gebühr Goldmark
	Aus sachlichen oder persönlichen Billigkeitsgründen kann von der Gebührenerhebung ganz oder zum Teil abgesehen werden[4])[5]).	
3	**Beschlußverfahren.** Die allgemeine Verwaltungsgebührenordnung und ihr Tarif ist bis auf weiteres anzuwenden (vergl. auch § 8 Abs. 1 des VGG.; Erlaß vom 13. Februar 1924 — I a 141, MBliV. S. 175)[6]).	
4	**Gewerbesachen. I. Genehmigungen.**	
	a) Ausfertigung der Urkunde über die Genehmigung zum **Betrieb einer Gastwirtschaft**, Schankwirtschaft oder eines Kleinhandels mit Branntwein oder Spiritus (§ 33 Gewerbeordnung)	1/10 v. H. des Anlage- und Betriebskapitals
	mindestens jedoch	10
	b) Ausübung des Betriebes als **Hufbeschlagschmied**; Erteilung des Prüfungszeugnisses	10
	c) Genehmigung des Betriebes als **Schauspielunternehmer** (§ 32 GO.)	20—500
	d) Erlaubnis zur gewerbsmäßigen öffentlichen Veranstaltung von **Singspielen**, Gesangs- und deklamatorischen Vorträgen, Schaustellungen von Personen oder theatralischen Vorstellungen nach § 33 a GO.	20—500
	e) Erlaubnis zum regelmäßigen **Tanzhalten**[7]) (§ 33 c GO.)	50—500
	f) Verhandlungen bezüglich des Betriebes des Geschäftes der **Pfandleiher, Pfandvermittler, Gesindevermieter** und **Stellenvermittler** nach § 34 GO. und dem Stellenvermittlergesetz vom 2. Juni 1910 (Reichs-Gesetzbl. S. 860)	
	α) Erlaubniserteilung	20—500
	β) Bestätigung (Abstempelung) der Geschäftsbücher und Gebührentarife	3

Lfd. Nr.	Gegenstand der Gebührenerhebung	Gebühr Goldmark
	g) Erlaubnis zum **Ausschank** geistiger Getränke in den Fällen von § 42a und 67 Abs. 2 der GO.	5—20
	h) Erlaubnis zu **Musikaufführungen**, Schaustellungen usw. (§§ 33b, 60a in Verb. mit § 55 Ziffer 4 der GO.)	20—50
	i) **Tanzerlaubnis** [7])	5--50
	k) Erlaubnis zu **sonstigen Lustbarkeiten** (Ring- und Boxkämpfe, Radrennen, Ausstellungen, Basare, Kostümfeste und dgl., Bescheinigungen, daß keine polizeilichen Bedenken gegen die Abhaltung und Veranstaltung in öffentlichen Versammlungsräumen bestehen — § 10. II. 17. Allgemeines Landrecht)	20—500
	[8]) Erlaubnis zu einer Zuverlässigkeitsfahrt oder ähnlichen Veranstaltung mit Fahrrädern [9]):	
	a) durch die Ortspolizeiverwaltung [10])	3—10
	b) durch die Regierungspräsidenten [10])	5—20
	c) durch die Oberpräsidenten [10])	10—30
	l) Genehmigung zum Betriebe von Gewerben, welche dem **öffentlichen Personen- und Güterverkehr** innerhalb der Orte durch Wagen aller Art usw. dienen, mit Ausnahme der Dampfschiffahrtsunternehmungen (§ 37 GO.)	1—100
	II. **Gewerbelegitimationen.**	
	a) Legitimationsscheine zum Handel mit Druckschriften usw. nach § 43 GO.	2—20
	b) Druckschriftenverzeichnis, Genehmigung für den **Wandergewerbebetrieb** (§ 56 Nr. 12 GO.) .	1—3
	Anmerkung zu Tarifstelle 4.	
	1. Für Bewilligungen von Fristverlängerungen und Fristungen (§ 49 GO.) ist ein Viertel der vorstehenden Gebühren zu erheben.	
	2. Soweit die Entscheidung im Beschlußverfahren ergeht, sind die vorstehenden Gebühren neben der Verfahrensgebühr zu erheben.	

Lfd. Nr.	Gegenstand der Gebührenerhebung	Gebühr Goldmark
5	**Inhaberschuldverschreibungen.** Genehmigungen zur Inverkehrsetzung gemäß § 795 BGB. für jede angefangenen 100000 Goldmark des Nennwerts .	50
	mindestens jedoch	200
	Gebührenfrei wird die Genehmigung an Gemeinden und Gemeindeverbände erteilt außer für solche Anleihen, die für den Betrieb gewerbsmäßiger Veranstaltungen aufgenommen werden.	
6	[29]) **Jagdsachen. I. Jagdscheine.**	
	a) Jahresjagdscheine	10
	b) Tagesjagdscheine	2
	c) Jahresjagdscheine für Personen, welche weder Angehörige eines deutschen Landes sind, noch in Preußen einen Wohnsitz oder einen Grundbesitz mit einem Grundsteuer-Reinertrag von 150 M. haben	100
	d) Tagesjagdscheine für solche Personen	20
	Zu c) und d): Nach näherer Anweisung des Ministers für Landwirtschaft usw. kann jedoch auch für diese Personen die Gebühr für Jahres- und Tagesjagdscheine bis auf den Satz für Inländer ermäßigt werden.	
	e) Jede Doppelausfertigung eines Jagdscheins . .	0,50
	f) Gebührenfrei sind Jagdscheine für die auf Grund des § 23 des Forstdiebstahlgesetzes vom 15. April 1878 (Gesetzsamml. S. 222) beeidigten sowie diejenigen Personen, welche sich in der für den Staatsforstdienst vorgeschriebenen Ausbildung befinden.	
	Die Vorschriften über die Jagdscheinabgabe aus § 32 der Jagdverordnung vom 15. Juli 1907 (Gesetzsamml. S. 207) in Verbindung mit der Verordnung vom 12. November 1923 (Gesetzsamml. S. 532) bleiben unberührt.	

Lfd. Nr.	Gegenstand der Gebührenerhebung	Gebühr Goldmark
	II. Gebühren für die **Kontrolle des Vertriebes von Wild aus Kühlhäusern.** Es bleibt bei den Sätzen des Erlasses vom 17. Januar 1924 — MdJ. IVa IV 1168, FM. II C 4368 (MBliV. S. 79)[11]).	
7	**Kunstscheine** für:	
	a) musikalische, deklamatorische und dgl. Darbietungen	10—50
	(vgl. Erlaß vom 8. März 1924 — II E 1179 usw., MBliV. S. 331).	
	b) Filmopern und -operetten: die Hälfte des Satzes zu 8a.	
8	**Lichtspiele.**	
	a) Prüfung von Bildstreifen:	
	1. Durch Filmprüfstellen; die Gebühren sind reichsrechtlich geregelt (vgl. Gebührenordnung vom 16. November 1923, RMBl. S. 1033). [26])	
	2. ortspolizeiliche; die Sätze der zu 1 bezeichneten Gebührenordnung finden Anwendung:	
	b) ortspolizeiliche Prüfung von Plakaten für Filme[12]), für jeden Film	20—500
	c) Erlaubnis zur Mitwirkung von Kindern bei Filmaufnahmen für jedes Kind	3—20
	d) Prüfung von Lichtspielvorführern	10
	e) Prüfung von Erfindungen oder Verbesserungen von Lichtspielapparaten	10—1000
	f) Zulassung als Sachverständiger für Sicherheitsvorrichtungen in Theatern und öffentlichen Vortragsräumen	30—100
9	**Öffentliche Kreditanstalten.**	
	a) Für die Ausnahmegenehmigung zum Betriebe von Depot- und Depositengeschäften durch kommunale Banken	50—300
	b) Für die Zulassung von Sparkassen und öffentlichen Kreditanstalten als Devisenkommissionsbanken	300
	c) Für die Zulassung von Sparkassen und öffent-	

Lfd. Nr.	Gegenstand der Gebührenerhebung	Gebühr Goldmark
	lichen Kreditanstalten zum Betriebe einer Wechselstube	300
10	**Medizinal- und Veterinärangelegenheiten.**	
	a) **Leichenpässe**	1—10
	Gebührenfrei werden erteilt Leichenpässe für die Überführung von Kriegerleichen: 1. ehemals feindlicher Staatsangehöriger (Gesetz vom 11. August 1922, Reichs-Gesetzbl. S. 710), 2. deutscher Reichsangehöriger (vgl. Erlaß vom 16. Juni 1915 FM. III 6316, MdJ. IId 1255, nicht veröffentlicht).	
	b) **Totenscheine,** Beerdigungsscheine: gebührenfrei.	
	c) **Feuerbestattung:**	
	1. Genehmigung der Ortspolizeibehörde des Verbrennungsorts zur Einäscherung (§ 7 Abs. 1 des Feuerbestattungsgesetzes vom 14. September 1911, Gesetzsamml. S. 193)	0,50—10
	2. Bescheinigung der Ortspolizeibehörde des Sterbeorts oder letzten Wohnortes über die Unbedenklichkeit der Einäscherung (§ 7 Nr. 4 a. a. O.) . . .	0,50—10
	3. Beurkundung der mündlichen Erklärung über die Vornahme der Einäscherung (§ 9 Nr. 2 a. a. O.)	0,50—10
11	**Pässe und Sichtvermerke** [13]).	
	Für die Ausfertigung von Pässen, sonstigen Reisepapieren und Sichtvermerken sind Verwaltungsgebühren nach den jeweils gültigen reichsrechtlichen Vorschriften zu erheben, die die Reichsminister des Innern und des Auswärtigen auf Grund des § 8 des Gesetzes über das Paßwesen vom 12. Oktober 1867 (Bundesgesetzbl. S. 33) in der Fassung des Gesetzes zur Abänderung des Gesetzes über das Paßwesen, des Gebührengesetzes für die Auslandsbehörden und des Reichs- und Staatsangehörigkeitsgesetzes vom 5. November 1923 (Reichs-Gesetzbl. I S. 1077) erlassen [14]) [15]).	

Lfd. Nr.	Gegenstand der Gebührenerhebung	Gebühr Goldmark
12	**Personenstandsangelegenheiten**[16][17].	
	a) Für die Befreiung von dem Zeugnis gemäß Artikel 43 § 2 Pr. Ausf.-Ges. zum BGB. (Gesetzsamml. 1899 S. 177)[18][19]	50
	b) für die Befreiung vom Aufgebot	3—30
	c) für die Abkürzung der Aufgebotsfrist	2—20
	d) für die Bestimmung des zuständigen Standesbeamten gemäß § 1320 Abs. 3 BGB. — . . .	20
	e) für die Beglaubigung oder Beurkundung einer der im § 1577 Abs. 2, 3 BGB. bezeichneten Erklärungen, sowie für die Entgegennahme einer anderweit beglaubigten oder beurkundeten Erklärung dieser Art	20
	f) für die Beglaubigung oder Beurkundung einer Erklärung gemäß § 1706 BGB., sowie für die Entgegennahme einer anderweit beglaubigten oder beurkundeten Erklärung dieser Art	1—20
	im Falle der Bedürftigkeit gebührenfrei.	
	Die Gebühren zu a bis d fließen zur Staatskasse. Die Gebühren zu e und f beziehen sich nur auf Amtshandlungen des zur Entgegennahme der Erklärungen zuständigen preußischen Standesbeamten und fließen zur Staatskasse nur zur Hälfte (§ 2 VGG.), voll jedoch dann, wenn der Standesbeamte zu den auf Grund des § 7 Abs. 4 des Personenstandsgesetzes (Reichsgesetzbl. 1875 S. 23) mit der Wahrnehmung der Standesamtsgeschäfte beauftragten Personen gehört. Die reichsrechtlich festgesetzten Gebühren der Standesbeamten bleiben unberührt (§ 16 des Personenstandsgesetzes und der dazu gehörige Tarif)*)[20][21].	
13	**Polizeistundenverlängerung,**[27]) je nach der Dauer sowie Art und Umfang der Veranstaltung	5—50
14	**Reichs- und Staatsangehörigkeitssachen.** Es verbleibt bei der Gebührenordnung vom 23. Januar 1924 — Sta. 1050 — (MBliV. S. 105)[28]).	

*) Vgl. Reichs-Gesetzbl. 1923 Teil I S. 167, 1157; 1924 Teil I S. 116.

Lfd. Nr.	Gegenstand der Gebührenerhebung	Gebühr Goldmark
15	**Strafsachen.** a) Amtshandlungen aus Anlaß von Anträgen auf Grund des § 8 des Gesetzes vom 9. April 1920 (Reichsgesetzbl. S. 507): gebührenfrei. b) Sprecherlaubnisse für Polizeigefängnisse: gebührenfrei.	
16	**Vereinswesen.** Religionsgesellschaften, andere Gesellschaften und Vereine: Bescheinigungen über die Zusammensetzung des Vorstandes	3
17	**Versicherungsunternehmungen.** (Reichsgesetz über die privaten Versicherungsunternehmungen vom 12. Mai 1901 — Reichsgesetzbl. S. 139).	
	a) Erteilung der Erlaubnis zum Geschäftsbetriebe von Versicherungsunternehmungen (§§ 4 bis 7 a. a. O.)	20—1000
	b) Genehmigungen einer Bestandsveränderung durch Übertragung auf ein anderes Unternehmen (§ 14 a. a. O.)	20—1000
	c) sonstige Genehmigungen und Entscheidungen nach Antrag der Versicherungsunternehmungen . . .	2—200
	Die Höhe der Gebühren ist mit Rücksicht auf den Umfang des Geschäftsbetriebes und die erforderlichen Ermittlungen zu bemessen. Die vorstehenden Gebühren gelten auch bei öffentlichen Versicherungsanstalten, die in Preußen ihren Sitz haben und den Vorschriften des Reichsgesetzes vom 12. Mai 1901 nicht unterliegen, sofern im übrigen die Voraussetzungen für die Erhebung einer Verwaltungsgebühr gegeben sind (§ 1 des VGG.). Gebührenfrei bleiben auf Grund des § 3 Abs. 2 Ziff. 1 des Gesetzes vom 25. Juli 1910 (Gesetzsamml. S. 241) — in Verbindung mit § 3 aVGO. — die öffentlichen Feuerversicherungsanstalten, welche von der Entrichtung der Stempelsteuer befreit waren.	

Lfd. Nr.	Gegenstand der Gebührenerhebung	Gebühr Goldmark
18	**Verwaltungsstreitverfahren.** Es verbleibt bei der Gebührenordnung vom 7. Februar 1924 — MdJ. Ia 111, FM. II C 305 (MBliV. S. 133)[22]).	
19	**Waffenscheine.**	
	1. Für die erstmalige Ausstellung	20
	2. Für jede Schußwaffe, für die eine Verlängerung erfolgt	10
	[23]) Die für die Ausstellung der Waffenscheine zuständigen Behörden werden ermächtigt, die hiernach zu erhebenden Gebühren aus sachlichen oder persönlichen Billigkeitsgründen den besonderen Umständen des Einzelfalls entsprechend ausnahmsweise a) im Falle zu 1 bis auf 3 GM., b) im Falle zu 2 bis auf 1,50 GM. herabzusetzen (Die Angehörigen der Wehrmacht, der Polizei des Reichs und der Länder sowie diejenigen Personen, denen eine Reichs- oder Landesbehörde das Recht zur Führung von Schußwaffen amtlich verliehen hat, und die darüber eine Bescheinigung von ihrer vorgesetzten Dienst- oder Anstellungsbehörde besitzen, bedürfen eines Waffenscheines nicht.)	
20	[24]) **Zureisegenehmigungen für Ausländer.** Es gelten die unter Tarifstelle 2 für Aufenthaltsgenehmigungen aufgeführten Sätze entsprechend. Zusatz: Aus sachlichen oder persönlichen Billigkeitsgründen kann von der Gebührenerhebung ganz oder zum Teil abgesehen werden[25]).	

Anm. [1]) Der E. vom 14. 12. 1923 i. V. mit dem E. vom 2. 2. 1924 enthält folgende Gebührenvorschriften:

VIII. 1. Die Kosten des Legitimationsverfahrens hat der Arbeitgeber zu tragen und gleichzeitig mit dem Antrage bei der Ortspolizeibehörde einzuzahlen.

2. Die Kosten betragen sowohl bei der Legitimierung an der Grenze als auch an der Arbeitsstelle grundsätzlich 3 G.M.

3. Eine Erhöhung auf 7 Goldmark tritt ein:

a) wenn die Grenzlegitimierung umgangen wird, für die dann notwendig werdende Legitimierung an der Arbeitsstelle (ausgenommen an der Westgrenze, sofern die Legitimierung innerhalb einer Woche, vom Tage des Grenzübertritts angerechnet, bei der zuständigen Ortspolizeibehörde beantragt wird),

b) wenn die Legitimierung an der Arbeitsstelle nicht innerhalb der vorgeschriebenen Frist beantragt wird,

c) wenn die vorgeschriebene Legitimierung im Vorjahre unterblieben ist.

4. Für das Umschreiben einer Legitimationskarte beim Stellenwechsel werden 0,50 G.M. erhoben, die der Polizeikasse zufließen.

5. Bei dem Übertritt bereits legitimierter Arbeiter aus einem landwirtschaftlichen in ein industrielles oder gewerbliches Arbeitsverhältnis und umgekehrt ist die Ausstellung einer neuen Legitimationskarte unter Beifügung der alten zu beantragen. Die Ausstellung der neuen Karte erfolgt zu dem ermäßigten Satz von 0,50 G.M.

6. Für abhanden gekommene Karten werden gegen Zahlung von 0,50 G.M. Ersatzkarten ausgegeben.

XI. 1. 2. Die Kosten für die Erteilung des Befreiungsscheins betragen 1 G.M., dgl. für die Erteilung der Grenzläuferkarte. Sie sind dem Antrage auf Erteilung beizufügen.

[2]) Neufassung der T. Nr. nach der V. vom 20. 6. 24 (MBl. i. V. S. 683).

[3]) Vgl. auch T. Nr. 20.

[4]) Vgl. hierzu RL. Ziff. 66 Satz 2 (S. 51).

[5]) Hierzu E. des M. d. J. vom 20. 6. 1924 (MBl. i. V. S. 683):

1. Billigkeitsgründe, die in der Regel völligen Gebührenerlaß angebracht erscheinen lassen werden, sind insbesondere anzunehmen bei ausländischen Journalisten (falls nicht etwa schon auf Grund des § 2 Ziff. 1 der aVGO. vom 29. 12. 1923, GS. 1924 S. 1, Gebührenfreiheit eintritt, weil die Entscheidung über die Aufenthaltserlaubnis für solche Personen überwiegend im öffentlichen Interesse erfolgt), ausländischen Studierenden, Staatsstipendiaten und kranken Ausländern, die in Deutschland nachweislich von schweren Leiden Erholung suchen oder zur Vornahme von Operationen einreisen.

2. Ich habe Veranlassung, darauf hinzuweisen, daß die für die Gebührenerhebung zuständige Behörde nach § 4 der aVGO. befugt ist, die Gebühren bei nachgewiesener Bedürftigkeit des Pflichtigen auf Antrag bis auf die in § 6 Abs. 1 a. a. O. vorgesehene Mindestgebühr herabzusetzen oder ganz zu erlassen.

3. Soweit Ausländern gegenüber die Erhebung von VG. überhaupt in Betracht kommt, darf bei der Bemessung die Ausländereigenschaft des Pflichtigen nicht schon als ausreichender Grund für die Anwendung besonders hoher Sätze gelten. Insbesondere ist bei Bescheiden in Ausweisungsangelegenheiten von der Anwendung der in T.Nr. 3 der aVGO. vorgesehenen Höchstsätze in der Regel abzusehen. Im allgemeinen werden die unteren und Mittelbehörden in diesen Angelegenheiten eine Gebühr von 10 bis 20 G.M. für angemessen halten können.

[6]) Dieser Erlaß lautet:

Nach § 8 Abs. 1 VGG. findet dieses Gesetz auch im Falle des § 124 des Landesverwaltungsgesetzes Anwendung, und nach § 8 Abs. 3 a. a. O. ... können die Vorschriften des VGG. in Abweichung von Bestimmungen, durch die Gebührenfreiheit bisher angeordnet war, zur Anwendung gebracht werden. Die in Ausführung des § 4 Abs. 1 VGG. vom Staatsministerium erlassene aVGO. vom 29. 12. 1923 schreibt ferner für alle Verwaltungszweige vor, daß ihre Bestimmungen und der ihr beigegebene Tarif für alle auf Grund des VGG. zu erhebenden Gebühren, sofern nicht Abweichendes bestimmt wird, gelten (§§ 14, 15) und daß besondere bare Auslagen, die bei der Vornahme einer Amtshandlung notwendig werden, gleichviel, ob für diese Gebühren zu erheben sind oder die Amtshandlung gebührenfrei bleibt, von dem zur Erstattung Verpflichteten einzuziehen sind (§ 13; zu vgl. § 3 Abs. 3 VGG.). Damit sind die Vorschriften in § 124 Abs. 1, 3 des Landesverwaltungsgesetzes, nach denen bisher im Beschlußverfahren ein Kostenpauschquantum nicht zu erheben und sonstige Kosten und bare Auslagen des Verfahrens den Beteiligten nicht aufzuerlegen waren, beseitigt und an deren Stelle – und zwar schon mit Wirkung vom 1. 1. 1924 ab – die Bestimmungen der aVGO., des zugehörigen Tarifs und der AA. (Bes.Bl. S. 249) getreten, die nunmehr auch einstweilen im Beschlußverfahren nach dem Landesverwaltungsgesetz angewendet werden müssen ...

... dazu ist indessen noch zu bemerken, daß der in § 125 Landesverwaltungsgesetzes geordnete Rechtsmittelweg der Beschwerde gegenüber Entscheidungen im Kostenpunkt an die in der Hauptsache zunächst höhere Instanz, welche über die Beschwerde endgültig zu beschließen hat, nach § 7 VGG. unverändert geblieben ist, der § 12 aVGO. mithin insoweit keine Anwendung finden kann.

[7]) Der Erlaubnis zum regelmäßigen Tanzhalten für bestimmte Wochentage (in T. Nr. 4 I e) steht gegenüber die Tanzerlaubnis (in T. Nr. 4 I i), d. h. die einmalige Gestattung einer Tanzveranstaltung (E. des M. d. J. und FM. vom 28. 7. 24, IV. St. 1198, II. C. 2005).

[8]) Abs. 2 der T. Nr. 4 I. k. eingefügt durch V. vom 19. 8. 1924 (MBl. i. V. S. 859).

[9]) Unter „Fahrräder" sind hier nur „Räder ohne motorischen Antrieb" zu verstehen (E. des M. d. J. und LM. vom 19. 8. 1924/II. M. 2000/I. 5291; MBl. i. V. S. 859).

[10]) Die Ortspolizeiverwaltungen sind zuständig für die Erteilung der Genehmigung zur Abhaltung von Wettfahrten oder Veranstaltungen im Sinne des § 14 des E. des M. d. J. vom 5. 5. 1908/II a 3068 (MBl. i. V. S. 123), die innerhalb ihres Polizeibezirks, die Regierungspräsidenten, soweit diese Veranstaltungen innerhalb des Regierungsbezirks stattfinden; darüber hinaus sind die Oberpräsidenten zuständig (E. wie in der vorst. Anm. 9).

[11]) Hier sind folgende Beträge festgesetzt worden:

1. Grundgebühr 1,50 G.M.,
2. Stückgebühr
   a) für Anbringen einer Ohrmarke 0,15 G.M.
   b) für Anbringen einer Plombe 0,10 G.M.

Die Sätze erhöhen sich

zu a) auf 0,20 G.M.
zu b) auf 0,15 G.M.
falls der Kühlhausbesitzer dem Beauftragten der Polizei nicht Arbeitskräfte zur Verfügung stellt.

[12]) Durch E. des M. d. J. vom 18. 9. 1924/II. F. 3711 (MBl. i. V. S. 919) sind die Ortspolizeibehörden ermächtigt worden, für Filmreklame, die lediglich durch Schrifttext ohne bildliche Darstellung erfolgt, eine Gebühr von 3—50 G.M. an Stelle der tarifmäßigen zu erheben.

[13]) Neufassung der T. Nr. auf Grund der V. vom 16. 8. 1924 (MBl. i. V. S. 839).

[14]) Die gegenwärtig gültigen reichsrechtlichen Vorschriften sind folgende:

a) Verordnung über Gebühren für die Ausfertigung von Pässen, sonstigen Reisepapieren und Sichtvermerken.
Vom 27. Juni 1924.
(RGBl. I. S. 657.)

Gemäß § 8 des Gesetzes über das Paßwesen vom 12. Oktober 1867 (Bundesgesetzbl. S. 33) in der Fassung des Gesetzes zur Abänderung des Gesetzes über das Paßwesen, des Gebührengesetzes für die Auslandsbehörden und des Reichs- und Staatsangehörigkeitsgesetzes vom 5. November 1923 (RGBl. I S. 1077) wird mit Zustimmung des Reichsrats folgendes verordnet:

§ 1.

An Gebühren einschließlich etwaiger Stempel- oder anderer Abgaben, insbesondere sogenannter Verwaltungsgebühren, sind zu erheben:

I. für die Ausstellung
eines Passes .... 5 Mark,
„ Personalausweises als Paßersatz .... 10 „
„ Sonderausweises für russische Flüchtlinge ..... 10 „
„ Kinderausweises .... 2 „
„ Landgangsausweises für Schiffsreisende......... 1 „

II. für die Verlängerung
eines Passes .... 3 Mark,
„ Personalausweises .... 6 „
„ Sonderausweises für russische Flüchtlinge ..... 6 „

III. für sonstige Abänderungen oder Ergänzungen eines Passes, eines Personalausweises oder eines Sonderausweises für russische Flüchtlinge.......................... 2 „

Die Gebührensätze gelten für Einzel- und für Familienpässe.

Für die Ausstellung eines Einzelpasses an den Inhaber eines Familienpasses ist nur 50 v. H. der Gebühr zu erheben, wenn die Geltungsdauer des Einzelpasses auf die Geltungsdauer des Familienpasses beschränkt wird.

Für die Zulassung von Sammellisten als Paßersatz sind als Gebühr 0,50 M. für jeden Teilnehmer der gemeinschaftlichen Reise, jedoch mindestens 10 M. zu erheben.

Gebühren sind nicht zu erheben
1. für die Ausstellung, Verlängerung oder sonstige Abänderung und Ergänzung von Dienstpässen,
2. für die Ausstellung von Ausweisen zum Verkehr

a) zwischen Ostpreußen und dem übrigen Reichsgebiete,
b) mit dem besetzten Gebiete;

3. für die Ausstellung von Landgangsausweisen an Seeleute und Rheinseeschiffer.

§ 2.

An Gebühren einschließlich etwaiger Stempel- oder anderer Abgaben, insbesondere sogenannter Verwaltungsgebühren, sind zu erheben:

I. für die Erteilung eines Sichtvermerkes
1. zur einmaligen Ein- oder Ausreise . . . . 5 Mark,
2. zur einmaligen Ein- oder Wiederausreise, Aus- und Wiedereinreise oder Durchreise
bei einer Geltungsdauer von
drei Tagen . . . . 2 „
einer Woche . . . . 5 „
einem Monat . . . . 10 „
drei Monaten . . . . 15 „
über drei Monate . . . . 20 „
3. zur einmaligen Durchreise und zurück die Summe der Gebühren, die sich aus Ziff. 2 je nach der Geltungsdauer des Sichtvermerkes für jede der beiden Durchreisen ergeben;
4. zur beliebig häufigen Ein- und Wiederausreise, Aus- und Wiedereinreise oder Durchreise
bei einer Geltungsdauer von
drei Monaten . . . . 25 „
sechs Monaten . . . . 40 „
zwölf Monaten . . . . 60 „
5. zur beliebig häufigen Ausreise 50 v. H. der Sätze in Ziff. 4;
6. zur Wiederausreise nach erfolgter Einreise oder zur Wiedereinreise nach erfolgter Ausreise 50 v. H. der Sätze in Ziff. 2 bis 4;

II. für die Erteilung eines Ausnahme-Sichtvermerkes
1. zur einmaligen Einreise und zur einmaligen Ein- und Wiederausreise oder Durchreise neben der Gebühr, die von der für den Wohnsitz oder den Ort des dauernden Aufenthalts des Reisenden zuständigen deutschen Vertretung im Ausland für die Erteilung des entsprechenden ordentlichen Sichtvermerkes zu erheben wäre (Reichsgebühr), ein Zuschlag von 50 v. H. (Landesgebühr);
2. zur einmaligen Ausreise (Landesgebühr) . . . . 7,50 „

III. für die Erteilung eines Seeschiffersichtvermerkes 50 v. H. der Gebühr für die Erteilung eines entsprechenden ordentlichen Sichtvermerkes;

IV. für die Erteilung eines Sichtvermerkes auf Familienpässen nur die Gebühr für die Erteilung eines entsprechenden Sichtvermerkes an eine Einzelperson;

V. für die Erteilung von Sammelsichtvermerken 10 v. H. des Betrages, der sich bei Zusammenrechnung der Gebühren für die Erteilung von Einzelsichtvermerken an die Teilnehmer der gemeinschaftlichen Reise ergibt, jedoch mindestens .... 10 M.

Für die Erteilung eines Ausreisesichtvermerkes an nichtdeutsche Personen, bei denen eine unbefugte Einreise in das Reichsgebiet festgestellt wird, ist neben der ordentlichen Sichtvermerksgebühr ein Zuschlag von 200 v. H. der Gebühr zu erheben, die von der für den Wohnsitz oder den Ort des dauernden Aufenthalts der betreffenden Person zuständigen deutschen Vertretung im Ausland für die Erteilung eines Sichtvermerkes zur Ein- und Wiederausreise zu erheben wäre.

Für die Verlängerung eines Sichtvermerkes ist die Gebühr zu erheben, die für die Erteilung eines entsprechenden Sichtvermerkes durch die für den Wohnsitz oder den Ort des dauernden Aufenthalts des Sichtvermerksinhabers zuständige Behörde zu erheben wäre.

Die Gebühr für die Umwandlung eines Durchreisesichtvermerkes in einen Sichtvermerk zur Wiederausreise nach dem Ausgangslande beträgt 1 Mark. Die gleiche Gebühr ist für die sonstige Abänderung eines Sichtvermerkes zu erheben.

Für die Erteilung und Verlängerung von Sichtvermerken zu dienstlichen Reisen sind Gebühren nicht zu erheben.

§ 3.

Die Festsetzung der Gebühren für die Ausstellung von Grenzscheinen Grenzkarten und sonstigen im Verkehr innerhalb der Grenzbezirke, insbesondere im kleinen Grenzverkehr, eingeführten Ausweispapieren wird den Landesregierungen oder den von ihnen ermächtigten Behörden mit der Maßgabe überlassen, daß die Gebühren 1 Mark und, wenn es sich um Ausweispapiere mit einer Geltungsdauer von mehr als drei Monaten handelt, 3 Mark nicht übersteigen dürfen.

Auf die Festsetzung von Gebühren für Grenzübertrittsvermerke, die im Verkehr innerhalb der Grenzbezirke, insbesondere im kleinen Grenzverkehr, erteilt werden, findet Abs. 1 entsprechende Anwendung.

Die besonderen zwischenstaatlichen Vereinbarungen über die Bemessung derartiger Gebühren bleiben unberührt.

§ 4.

Die nach dieser Verordnung zu erhebenden Gebühren sind Goldmarkgebühren.

Der Goldmarkbetrag ist, soweit die Gebühren im Inland erhoben werden, nach dem für den Tag der Zahlung geltenden Goldumrechnungssatz in deutsches Währungsgeld umzurechnen. Für die Umrechnung ist der vom Reichsminister der Finanzen auf Grund des § 5 Abs. 1, § 2 Abs. 3 der Verordnung über Steueraufwertung und Vereinfachungen im Besteuerungsverfahren vom 11. u. 18. Oktober 1923 (RGBl. I S. 939/979) für die Reichssteuern festgesetzte Umrechnungssatz maßgebend.

§ 5.

Der Reichsminister des Auswärtigen kann bestimmen, daß für Amtshandlungen, die zur Zuständigkeit der deutschen Vertretungen im Ausland gehören, ein Zuschlag von 100 v. H. zu erheben ist.

§ 6.

Die Reichsminister des Innern und des Auswärtigen können aus Gründen der Gegenseitigkeit die Gebühren im Verhältnis zu einzelnen Staaten anderweit festsetzen.

§ 7.

Bei Bedürftigkeit der gebührenpflichtigen Person kann die Gebühr auf 50 v. H. ermäßigt oder erlassen werden.

Soweit es zur Wahrung kultureller, volkswirtschaftlicher oder sonstiger wichtiger deutscher Belange erforderlich erscheint, können die Reichsminister des Innern und des Auswärtigen auch in anderen Fällen eine Ermäßigung oder den Erlaß der Gebühren allgemein vorsehen.

§ 8.

Diese Verordnung tritt am 1. Juli 1924 in Kraft.

b) V. Vom 23. August 1924.

(MBliV. S. 883).

Gemäß § 6 der V. über Gebühren für die Ausfertigung von Pässen, sonstigen Reisepapieren und Sichtvermerken vom 27. 6. 1924 (RGBl. I S. 657) wird die in § 1 Abs. 1 Ziff. I a. a. O. für Landgangsausweise vorgesehene Gebühr von 1 M. hinsichtlich belgischer Schiffsreisender in deutschen Häfen aus Gründen der Gegenseitigkeit hiermit auf 0,15 M. herabgesetzt.

15) Soweit die reichsrechtlichen Vorschriften Abweichendes bestimmen (z. B. über Erlaß und Ermäßigung der Gebühren), werden die landesrechtlichen Vorschriften abgeändert. — Die für Ausweise und Vermerke im Verkehr innerhalb der Grenzbezirke (insbesondere im kleinen Grenzverkehr) durch örtliche Anordnung festgesetzten Gebühren bleiben in Kraft, jedoch nach § 3 der V. vom 27. 6. 1924 (vgl. Anm. 14) mit der Maßgabe, daß die Gebühren 1 G.M. und, wenn es sich um Ausweispapiere oder Vermerke mit einer Geltungsdauer von mehr als 3 Monaten handelt, 3 G.M. nicht übersteigen dürfen. E. des M. d. J. vom 16. 8. 1924/IV. E. 367 III. (MBl. i. V. S. 839).

16) Neufassung der T. Nr. nach der V. vom 28. 10. 1924 (MBl. i. V. S. 1061).

17) Bez. Zeugnisse in Personenstandsangelegenheiten vgl. Anm. 3 zu T. Nr. 4 aVGO. (S. 52).

18) Die Befreiung der Ausländer von dem Ehezeugnis gemäß Art. 43 § 1 AG. z. BGB. steht den Justizbehörden zu und fällt unter T. Nr. B 9 der VGO. für die Justizverwaltung (vgl. S. 90 f.).

19) Gebührenpflichtig ist nur die Einzelbefreiung; die allgemeine Befreiung, wie sie unter Nr. II. 1 des E. vom 10. 3. 1922 (MBl. i. V. S. 279) allen Angehörigen bestimmter Staaten gewährt ist, macht eine gebührenpflichtige Amtshandlung im Einzelfall entbehrlich; es tritt also dann eine Gebührenpflicht nicht ein, wenn sich ein Angehöriger dieser Staaten bei Vorbereitung der Eheschließung auf die allgemeine Befreiung beruft. E. des M. d. J. vom 12. 6. 1924/I. e. 466 (MBl. i. V. S. 649).

20) Der § 16 des Personenstandsgesetzes vom 6. 2. 1875 (RGBl. S. 23) und der dazu gehörige Tarif lauten unter Berücksichtigung der Abänderungen vom 8. 3. 1923 (RGBl. I, S. 167), 30. 11. 1923 (RGBl. I, S. 1157) und vom 14. 2. 1924 (RGBl. I, S. 116) folgendermaßen:

§ 16. Die Führung der Standesregister und die darauf bezüglichen Verhandlungen erfolgen kosten- und stempelfrei. Für Verhandlungen, die sich auf die Eingehung einer Ehe beziehen, werden die nach dem angehängten Tarife zulässigen Gebühren und Auslagen erhoben.

Gegen Zahlung der tarifmäßigen Gebühren und Auslagen müssen die Standesregister jedermann zur Einsicht vorgelegt, sowie beglaubigte Auszüge (§ 15) und Scheine (§ 15 a) aus denselben erteilt werden. Ein Antrag auf Erteilung einer standesamtlichen Urkunde gilt als auf die Erteilung eines Geburts-, Heirats- oder Todesscheins gerichtet, wenn nicht ein vollständiger Auszug ausdrücklich verlangt wird oder ein solches Verlangen sich aus dem mitgeteilten Verwendungszweck ergibt. Wird nachträglich die Erteilung eines vollständigen Auszugs beantragt, weil der Schein für den mitgeteilten Verwendungszweck nicht ausreicht, so kann die gezahlte Gebühr auf die Gebühr für den vollständigen Auszug angerechnet werden. In amtlichem Interesse ist die Einsicht der Register und die Erteilung der Auszüge und Scheine gebührenfrei zu gewähren.

Bei Unvermögen der Beteiligten werden Gebühren und Auslagen nicht erhoben. Der Standesbeamte kann die Kosten aus Billigkeitsgründen ermäßigen oder stunden.

. . . .

Gebührentarif.

I. Gebührenfrei sind die nach § 54 oder zum Zwecke der Taufe oder der Beerdigung erteilten Bescheinigungen.

II. An Gebühren kommen zum Ansatz	Goldmark
1. für Vorlegung der Register zur Einsicht, und zwar für jeden Jahrgang	0,10
für mehrere Jahrgänge zusammen jedoch höchstens	0,30
2. für jeden Geburts-, Heirats- oder Todesschein mit Einschluß der Schreibgebühren	0,20
Bezieht sich der Schein auf mehrere Eintragungen und erfordert derselbe das Nachschlagen von mehr als einem Jahrgange der Register, für jeden weiter nachzuschlagenden Jahrgang noch	0,20
jedoch zusammen höchstens	0,60
Das gleiche gilt für jede Eintragung in ein Familienstammbuch (§ 15 a).	
2a. für jeden beglaubigten vollständigen Auszug aus den Registern mit Einschluß der Schreibgebühren das Dreifache der Gebühr nach Nr. 2.	
3. für die nachträgliche Beischreibung eines Randvermerks auf einem Auszug	0,10
Wird die Beischreibung mehrerer Vermerke auf denselben Auszug gleichzeitig beantragt, so wird die Gebühr nur einmal erhoben;	
4. für ein zweites und jedes weitere Stück eines Auszugs oder für eine zweite und jede weitere Beischreibung desselben Randvermerks, wenn sie gleichzeitig beantragt werden die Hälfte der Gebühr nach Nr. 2, 3,	

5. für die Entgegennahme des Antrags auf Anordnung des Aufgebots 2,–
Ist eine Bekanntmachung des Aufgebots im Ausland erforderlich oder kommt ausländisches Recht zur Anwendung, so kann die Gebühr bis auf 12,–
erhöht werden;
hat eine Aufgebotsverhandlung nicht stattgefunden, so wird die Gebühr (Abs. 1, 2) für die Eheschließung erhoben;
6. für die Abnahme einer eidesstattlichen Versicherung nach § 45 Abs. 4 0,60
7. für die Bescheinigung nach § 49 0,20
8. für die schriftliche Ermächtigung nach § 1321 des Bürgerlichen Gesetzbuches, wenn sie nicht gleichzeitig mit der Bescheinigung nach § 49 beantragt wird............... 0,10
9. für die Eheschließung vor einem anderen Standesbeamten als demjenigen, welcher das Aufgebot angeordnet hat.... 1,–
10. für die Eheschließung, die außerhalb des Amtsraums oder der Dienststunden erfolgt, außer wenn ein Verlobter wegen Krankheit nicht erscheinen kann, zusätzlich............ 10,–

Als bare Auslagen (§ 16 Abs. 1, 2) werden nur erhoben Post-, Fernsprech- und Fernschreibgebühren, die Vergütung für einen bei der Aufgebotsverhandlung oder bei der Eheschließung zugezogenen Dolmetscher sowie bei einer Eheschließung außerhalb des Amtsraums oder der Dienststunden Tagegelder und Fahrkosten des Standesbeamten. Wird ein Schreiben nicht durch die Post, sondern durch einen Boten bestellt, so kann für die Bestellung ein Betrag bis zur Höhe der Postgebühren erhoben werden

[21]) Bez. der von ausländischen Behörden erbetenen Standesurkunden vgl. Anm. 3 b zu § 2 aVGO. (S. 24).

[22]) Diese GO. ist abgedruckt S. 80 ff.

[23]) Dieser Absatz ist eingefügt durch V. vom 10. 10. 1924 (MBl. i. V. S. 986).

[24]) Neufassung nach der V. vom 20. 6. 24 (MBl. i. V. S. 683).

[25]) Vgl. hierzu RL. Ziff. 66 Satz 2 (S. 51) und Anm. 5 zu T. Nr. 2 (S. 104).

[26]) Die Gebührenordnung vom 25. 11. 1921 in der Fassung der V. vom 16. 11. 1923 (RMBl. S. 1033) lautet folgendermaßen:

Gebührenordnung für die Prüfung von Bildstreifen.

Für die Prüfung von Bildstreifen wird auf Grund des § 16 des Lichtspielgesetzes vom 12. 5. 1920 (RGBl. S. 953) nachstehende Gebührenordnung mit Zustimmung des Reichsrats erlassen:

§ 1.

Die Gebühren für die Prüfung von Bildstreifen werden nach der Zahl der laufenden Meter berechnet. Die Prüfstelle stellt die Meterzahl fest; angefangene Meter sind voll zu berechnen.

§ 2.

Die Gebühren sind für jede Prüfung sowohl bei den Prüfstellen als auch bei der Oberprüfstelle in voller Höhe zu entrichten und fließen in die Reichskasse. Sie werden bei der Entscheidung über die Zulassung des Bildstreifens durch den Leiter der Prüfstelle festgesetzt, der auch berechtigt ist, die Zahlung von Vorschüssen zu fordern. Die Gebühren sind spätestens bei Aushändigung des zur Prüfung eingereichten Bildstreifens zu entrichten.

§ 3.

Die Gebühren betragen, soweit die §§ 4 und 5 nicht anderweitige Bestimmungen treffen, für den laufenden Meter Bildstreifen 0,10 Goldmark.

§ 4.

Die Gebühr ermäßigt sich für den laufenden Meter auf 0,05 Goldmark bei Bildstreifen, die auch zur Vorführung vor Jugendlichen zugelassen werden, sowie bei Bildstreifen, für die eine Zulassungskarte einer Landesstelle oder Polizeibehörde beigebracht wird. Die Gebühr ermäßigt sich für den laufenden Meter auf 0,025 Goldmark bei Bildstreifen, die Landschaften oder Tagesereignise darstellen.

§ 5.

Gebührenfrei ist die Prüfung von Bildstreifen, die einen rein belehrenden Inhalt haben, sowie die auf Antrag einer Landeszentralbehörde vorgenommene erneute Prüfung bereits zugelassener Bildstreifen (§ 4 des Gesetzes). Ebenfalls erfolgt die Entscheidung vor der Oberprüfstelle gebührenfrei, wenn auf Beschwerde des Antragstellers die Oberprüfstelle die Vorentscheidung in vollem Umfang aufhebt oder der Vorsitzende oder zwei bei der Entscheidung beteiligte Beisitzer von ihrem Beschwerderechte Gebrauch gemacht haben (§ 12 des Gesetzes).

§ 6.

Gebührenfrei ist auch die Prüfung der Reklame (Klischeeplakate, Plakate und Photos) sowie die Abstempelung; jedoch ist für das Beschwerdeverfahren vor der Oberprüfstelle eine Gesamtgebühr von 5 Goldmark zu entrichten. Die Vorschriften der §§ 2 und 5 finden sinngemäße Anwendung.

§ 7.

Für die dem Antragsteller auszuhändigende Zulassungskarte wird bei Aushändigung eine Ausstellungsgebühr von 1 Goldmark erhoben. Für die Beglaubigung von Abschriften der Zulassungskarte ist eine Bescheinigungsgebühr von je 0,10 Goldmark zu entrichten.

§ 8.

Auf Beschwerden über die Festsetzung der Gebühren bei den Prüfstellen entscheidet der Leiter der Oberprüfstelle, gegen die Festsetuzng der Gebühren bei der Oberprüfstelle der Reichsminister des Innern. Die Entscheidungen sind endgültig.

§ 9.

Die Leiter der Prüfstellen und der Oberprüfstelle sind berechtigt, auf Antrag in Fällen, in denen aus ganz besonderen Gründen die Erhebung der vorgesehenen Gebühren zu außerordentlichen Härten führen würde, eine Ermäßigung eintreten zu lassen. Die Bestimmungen des § 8 finden sinngemäße Anwendung.

§ 10.

Die Beitreibung der Gebühren erfolgt auf Ersuchen der Prüfstellen oder der Oberprüfstelle nach den Vorschriften über die Beitreibung öffentlicher Abgaben.

27) Hierzu ist folgender E. des M. d. J. vom 18. 7. 1924/II E 1480 (MBl. i. V. S. 783) ergangen:

Die Anträge der Arbeitnehmerverbände im Gastwirtsgewerbe auf Verlängerung der Polizeistunde zur Abhaltung von Berufsversammlungen bedürfen wegen der Eigenart dieser Berufstätigkeit einer besonderen Behandlung. Die zuständigen Pol.-Behörden werden daher ermächtigt, für höchstens zwei Versammlungen der Verbände der Hotel-, Restaurant- und Café-Angestellten im Monat die Polizeistunde, je nach Lage des Einzelfalles, bis 3 oder 4 Uhr morgens zu verlängern. Von der Erhebung einer Verwaltungsgebühr ersuche ich in diesen Fällen abzusehen (§ 5 des Verwaltungsgebührenges. v. 29. 9. 1923, GS. S. 455).

28) Diese GO. ist durch die vom 10. 7. 1924 (S. 135 ff.) ersetzt worden.

29) Vgl. V. vom 31. 12. 1924 auf S. 174.

10. Gebührenordnung für die Handels- und Gewerbeverwaltung.

Vom 26. Mai 1924.

(HMBl. S. 159.)

Auf Grund des § 4 Abs. 1 des Gesetzes über staatliche Verwaltungsgebühren vom 29. September 1923 (Gesetzsamml. S. 455) wird im Einverständnis mit dem Finanzminister folgendes verordnet:

§ 1

Die Erhebung von Gebühren im Bereiche der Handels- und Gewerbeverwaltung erfolgt nach der allgemeinen Verwaltungsgebührenordnung nebst Ausführungsanweisung vom 29. Dezember 1923 (Gesetzsamml. 1924 S. 1, Besoldungsbl. S. 249), soweit nicht nachfolgend besondere Bestimmungen über die Gebührenerhebung oder die Gebührenfreiheit getroffen sind.

§ 2

Für die Höhe der besonderen Gebühren ist der anliegende Tarif maßgebend.

§ 3

Bei Amtshandlungen, die überwiegend im öffentlichen Interesse erfolgen und daher gebührenfrei sind, kann von einer Erstattung barer Auslagen abgesehen werden, es sei denn, daß die Auslagen lediglich durch besondere Wünsche der Antragsteller veranlaßt worden sind. In diesem Falle sollen die Antragsteller vorher auf die Verpflichtung zur Kostenerstattung hingewiesen werden.

§ 4

In den im Tarife geregelten Fällen ist ein Stempel nicht zu erheben.

§ 5

Diese Verordnung tritt am Tage ihrer Verkündung in Kra
Damit verlieren für die im Tarife geregelten Fälle die frühere nicht auf Grund des Gesetzes über staatliche Verwaltungsgebühre ergangenen Verordnungen, Ausführungsbestimmungen oder Erlass über die Erhebung von Verwaltungsgebühren ihre Gültigkeit.

Gebührentarif.

Lfd. Nr.	Gebührenpflichtige Amtshandlung	Gebühr Goldmark
1	**Ankaufserlaubnis,** s. Handelserlaubnis.	
2	**Anlagen,** gewerbliche*), Ausstellung von Urkunden über	
	a) Genehmigungen von gewerblichen Anlagen und Dampfkesseln (GewO. §§ 16 ff., § 24) . . .	$^2/_{10}$ v. H. d Kosten der Anlage.
	mindestens	10
	b) Veränderungen (§ 25 a. a. O.) die Hälfte des Satzes zu a, mindestens . .	5
	c) Fristverlängerungen und Fristungen (§ 49 a. a. O.) $^1/_4$ des Satzes zu a, mindestens	5
	d) Gebührenfrei sind weitere Genehmigungsurkunden für amtliche Stellen.	
3	**Anstellung (Vereidigung),** s. Gewerbebetrieb.	
4	**Arbeiterschutz.**	
	a) Genehmigung von Ausnahmen von den Arbeiterschutzvorschriften der GewO. (GewO. § 105c	

*) Die Gebühr wird neben der für das Beschlußverfahren von den Genehmigungsbehörden erhoben. In den Fällen, in denen eine Prüfung des Bauentwurfes durch eine preußische staatliche Prüfungsstelle für statische Berechnungen stattfindet, sind Gebühren nach der Gebührenordnung für diese Prüfungsstelle zu erheben und gegebenenfalls als bare Auslagen einzuziehen.

Lfd. Nr.	Gebührenpflichtige Amtshandlung	Gebühr Goldmark
	Abs. 4, §§ 105 f, 115 a, 120 e, § 120 f Abs. 1, § 138 Abs. 5[1]), § 139 Abs. 1, 2, §§ 139 a, 154 Abs. 4). b) Genehmigung 1. von Überarbeit (VO. vom 21. Dezember 1923 Reichsgesetzbl. I S. 1249 § 6), 2. von Ausnahmen von den Beschäftigungsbeschränkungen gewerblicher Arbeiter und der Angestellten gemäß Ziffer VII Abs. 3 der Anordnung über die Regelung der Arbeitszeit gewerblicher Arbeiter vom 23. November/17. Dezember 1918 — Reichsgesetzbl. S. 1334/1436 — und § 10 der VO. über die Arbeitszeit der Angestellten vom 18. März 1919 — Reichsgesetzbl. S. 315 — (§ 14 a. a. O.). c) Genehmigung von Überarbeit, Nachtarbeit und Sonntagsarbeit in Bäckereien und Konditoreien (VO. vom 23. November 1918 — Reichsgesetzbl. S. 1329 — § 7). d) Genehmigung von Ausnahmen von den Vorschriften über die Einrichtung und den Betrieb von Bäckereien (PolVO., entsprechend dem durch Erlaß vom 10. Oktober 1906 mitgeteilten Normalentw. — HMBl. S. 371 — § 16). e) Genehmigung von Beschäftigung von Kindern bei öffentlichen theatralischen Vorstellungen und anderen öffentlichen Schaustellungen, sowie im Betriebe von Gast- und Schankwirtschaften (Gesetz vom 30. März 1903 — Reichs-Gesetzbl. S. 113 — §§ 6, 15, 16). 20. Dezember 1911/30. Juni 1923 — Reichs- f) Genehmigung von Ausnahmen von besonderen Schutzvorschriften für Hausarbeiter (Gesetz vom Gesetzbl. S. 976/I S. 472 — § 10).	

Lfd. Nr.	Gebührenpflichtige Amtshandlung	Gebühr Goldmark
	Zu a bis f: durch die untere Verwaltungsbehörde .	1—100
	durch die höhere Verwaltungsbehörde .	2—200
	durch die oberste Landesbehörde . . .	3—300
5	**Aufzüge.**	
	a) Erlaubnis zur Benutzung von Personenaufzügen	
	1. mit elektrischer Innensteuerung ohne Stockwerksabstellung in Begleitung eines Hilfsführers an Stelle eines geprüften Führers (PolVO., entsprechend dem durch Erlaß vom 14. März 1913 mitgeteilten Normalentw. — AufzugsVO. — HMBl. S. 195 — § 32 II)	1—100
	2. mit Druckknopfsteuerung und Stockwerksabstellung ohne Führerbegleitung (§ 32 III a. a. O.)	1—100
	b) Gewährung von Ausnahmen von den Vorschriften über die Einrichtung und den Betrieb von Aufzügen	
	1. in einzelnen Fällen (§ 40 a. a. O.) . . .	2—200
	2. allgemeiner Art (§ 40 a. a. O.)	6—600
6	**Ausländer.**	
	Zulassung von Ausländern zum Besuch	
	a) der preußischen Handelshochschulen (Erl. vom 9. Februar 1921 — IV 275 —)	20—500
	b) gewerblicher und kaufmännischer Fachschulen (Erl. vom 25. Mai 1920 — IV 5688 —) . . .	10—300
7	**Auswanderungsagenten.**	
	Genehmigung zum Gewerbebetriebe der Auswanderungsagenten. (Gesetz vom 9. Juni 1897 — Reichs-Gesetzbl. S. 463 — § 11)	200
8	**Azetylen,** (gelöstes Azetylen s. Gase, verflüssigte und verdichtete).	
	a) Zulassung von Bauarten,	
	1. für Entwickler (PolVO., entsprechend dem durch Erlaß vom 17. November 1923 mit-	

Lfd. Nr.	Gebührenpflichtige Amtshandlung	Gebühr Goldmark
	geteilten Normalentw. — AzetylenVO. HMBl. S. 387 — § 4 I 1, 2, II. V.) . .	6—600
	2. für Wasservorlagen oder andere Sicherheitsvorrichtungen (§ 4 I 3. V. a. a. O.) . . .	3—300
	b) Anmeldebescheinigung eines freizügigen Entwicklers auf dem Abstempelungsschein (§ 21 IV a. a. O.)	5
	c) Weitere Zulassung von früheren Entwicklerbauarten (§ 26 III a. a. O.)	3—300
	d) Zulassung von Entwicklerbauarten, die einen „Systemzeugnis des Deutschen Azetylenvereins" entsprechen (§ 26 IV a. a. O.)	3—300
	e) Zulassung von Ausnahmen von den Vorschriften über die Herstellung, Aufbewahrung und Verwendung von Azetylen sowie über die Lagerung von Kalziumkarbid (§ 20 a. a. O.)	
	1. in einzelnen Fällen	2—200
	2. allgemeiner Art	6—600
9	**Bäckereien,** s. Arbeiterschutz.	
10	**Banken.**	
	a) Zulassung zum Depot- und Depositengeschäft (Gesetz vom 26. Januar 1923 — Reichs-Gesetzbl. I S. 91 — § 10)	50—300
	b) Zulassung als Devisenbank (VO. vom 11. September 1923 — Dt. Reichsanz. Nr 212) . .	300—500
	c) Zulassung als Devisenmakler (VO. vom 17. September 1923 — Reichs-Gesetzbl. I S. 902 — § 2)	300
	d) Zulassung einer Wechselstube (VO. vom 8. Mai 1923 — Reichs-Gesetzbl. I S. 282 — § 2) .	300
	e) Ablehnung von Anträgen zu a bis d	30
11	**Betriebsabbruch, Betriebsstillegung.**	
	a) Genehmigung von Betriebsabbrüchen oder Betriebsstillegungen vor Ablauf der Sperrfrist und der damit in Verbindung stehenden Entlassungen (VO. vom 8. November 1920 — Reichs-Gesetzbl. S. 1901 — ergänzt durch die VO. vom 15. Ok-	

Lfd. Nr.	Gebührenpflichtige Amtshandlung	Gebühr Goldmark
	tober 1923 — Reichs-Gesetzbl. I S. 983 — § 1 Abs. 2, § 2 Abs. 2 Satz 1)	2—200
	b) Genehmigung einer die ordnungsmäßige Führung des Betriebes beeinträchtigenden Veränderung der Sach- oder Rechtslage innerhalb der Sperrfrist. (§ 2 Abs. 2 a. a. O.)	2—200
	c) Enteignung oder Übertragung des Eigentums zugunsten einer dritten Person (§ 4 Abs. 1 Nr 2 a. a. O.) *)	2—200
12	**Bezirksschornsteinfeger.**	
	Anstellung von Bezirksschornsteinfegern (GewO. § 39)	20—200
13	**Bierdruckvorrichtungen.**	
	a) Erlaubnis zur Benutzung von Bierdruckvorrichtungen (PolVO., entsprechend dem durch Erlaß vom 30. Januar 1909 mitgeteilten Normalentw. — HMBl. S. 86 — § 2 Abs. 2)	10
	b) Anerkennung von Kontrollvorrichtungen (§ 6 a. a. O.)	30
	c) Gewährung von Ausnahmen von den Vorschriften über die Errichtung und den Betrieb von Bierdruckvorrichtungen (§ 13 a. a. O.)	30
14	**Bilanzen.**	
	Befreiung von der Pflicht oder Verlängerung der Frist zur Aufstellung der Bilanz und Abhaltung der ordentlichen Generalversammlung. (VO. vom 23. Dezember 1923 — Reichs-Gesetzbl. I S. 1248 — § 1)	50—300
15	**Dampffässer.**	
	Gewährung von Ausnahmen von den Vorschriften über die Einrichtung und den Betrieb von Dampffässern (PolVO., entsprechend dem durch Erlaß vom 5. März 1913 mitgeteilten Normalentw. Dampffaß-VO. — HMBl. S. 143 — § 25)	
	a) für einzelne Dampfdruckgefäße	2—200
	b) für ganze Gattungen von Dampfdruckgefäßen .	6—600

*) Gebührenpflichtig ist die dritte Person, auf welche die Übertragung erfolgt.

Lfd. Nr.	Gebührenpflichtige Amtshandlung	Gebühr Goldmark
16	**Dampfkessel,** s. a. gewerbliche Anlagen und Kraftmaschinen, bewegliche. Bewilligung von Ausnahmen von den allgemeinen polizeilichen Vorschriften (Bekanntmachung vom 17. Dezember 1908 — Reichs-Gesetzbl. v. 1909, S. 3 § 20 Abs. 2 und Reichs-Gesetzbl. v. 1909, S. 51 § 17 Abs. 4 —).	
	a) in einzelnen Fällen	23—300
	b) für einzelne Kesselarten	6—600
17	**Dampfschiffahrtsunternehmen.**	
	Genehmigung zum Betrieb (GewO. § 37) . . .	1/10 v. H. des Anl.- u. Betr.-Kap.
	mindestens	50
18	**Devisenbanken, Devisenmakler,** s. Banken	
19	**Edelmetalle, Edelsteine,** s. Metalle	
20	**Eisenbahnen.**	
	a) Genehmigung zur Herstellung und zum Betriebe sowie zu wesentlichen Erweiterungen oder sonstigen wesentlichen Änderungen der Anlage	
	1. einer Eisenbahnunternehmung (Gesetz vom 3. November 1838 — Gesetzsamml. S. 506 — §§ 1, 5, 14), 2. einer Kleinbahn (Gesetz vom 28. Juli 1892 — Gesetzsamml. S. 225 — §§ 2, 3),	1/10 v. H. des Anlage- u. Betriebskapitals, oder der Kosten der Erweiterung oder Änderung der Anlage,
	mindestens	50
	3. einer Privatanschlußbahn (§§ 43, 44 a. a. O.),	2/10 v. H. der Kosten der Anlage oder der Erweiterung oder Änderung der Anlage,
	mindestens	30
	b) Gebührenfrei sind die Entscheidungen über Fahrpläne, die ohne Antrag der Kleinbahnverwaltungen zu treffenden Entscheidungen über Beförderungspreise (Gesetz vom 28. Juli 1892 — Ge-	

Lfd. Nr.	Gebührenpflichtige Amtshandlung	Gebühr Goldmark
	setzsamml. S. 225 — § 14), sowie die Entscheidungen über Rücklagefonds (Ausf. Anw. zu § 11 a. a. O.).	
	Enteignung *).	
	a) Verleihung des Enteignungsrechts durch das Staatsministerium (Gesetz vom 11. Juni 1874 — Gesetzsamml. S. 221 — § 2)	
	1. Entziehung des Grundeigentums	
	aa) unter Bezeichnung der zu enteignenden Grundstücke	1/20 v. H. des Wertes des zu enteignenden Grundstücks
	mindestens	50
	bb) ohne Bezeichnung des zu enteignenden Grundstücks (allgemeine Verleihung) .	50—5000
	2. Beschränkung des Grundeigentums . . .	50—500
	b) Anordnung des vereinfachten Enteignungsverfahrens (Gesetz vom 26. Juli 1922 — Gesetzsamml. S. 211 — § 1 Abs. 1)	2—200
	c) Anordnung vorübergehender Beschränkungen, Ermächtigung zur Vornahme von vorbereitenden Handlungen (Gesetz vom 11. Juni 1874 — Gesetzsamml. S. 221 — §§ 4, 5)	20—500
22	**Fahrstühle**, s. Aufzüge.	
23	**Funkenfänger**, s. Kraftmaschinen, bewegliche.	
24	**Gase, verflüssigte und verdichtete.**	
	a) Anerkennung der Zuverlässigkeit poröser Massen für Behälter für gelöstes Azetylen (PolVO., entsprechend dem durch Erlaß vom 2. Juli 1914 mitgeteilten Normalentw. — HMBl. S. 402 — § 4 letzter Abs.)	6—600

*) Für die Beschlüsse der Enteignungsbehörden im Enteignungsverfahren auf Grund der Gesetze vom 11. Juni 1874 und 26. Juli 1922 und der Genehmigungs- und Aufsichtsbehörden im Planfeststellungsverfahren auf Grund der §§ 17, 18 des Gesetzes vom 28. Juli 1892 gelten die für das Beschlußverfahren vorgeschriebenen Gebühren.

Lfd. Nr.	Gebührenpflichtige Amtshandlung	Gebühr Goldmark
	b) Gewährung von Ausnahmen von den Vorschriften über den Verkehr mit verflüssigten und verdichteten Gasen (§ 13 a. a. O.)	
	1. in einzelnen Fällen	2—200
	2. allgemeiner Art	6—600
25	**Generalversammlungen,** s. Bilanzen.	
26	**Genossenschaftsverbände.**	
	Verleihung des Rechts zur Bestellung eines Revisors (Gesetz vom 20. Mai 1898 — Reichs-Gesetzbl. S. 810 §§ 54 flg.)	10—300
27	**Getränke, kohlensaure.**	
	Zulassung von Ausnahmen von den Vorschriften über die Herstellung kohlensaurer Getränke und den Verkehr mit solchen Getränken (PolVO., entsprechend dem durch Erlaß vom 26. März 1912 mitgeteilten Normalentw. — HMBl. S. 419 — § 14)	2—200
28	**Gewerbebetrieb *).**	
	a) Stehender Gewerbebetrieb	
	1. Gestattung der Wiederaufnahme eines untersagten Gewerbebetriebes (GewO. § 35) . .	20—200
	2. Anstellung (Vereidigung) von	
	aa) Feldmessern (§ 36 a. a. O.)	20
	bb) Auktionatoren, Bücherrevisoren usw. (§ 36 a. a. O.)	20—200
	3. Zulassung einer Stellvertretung für konzessionierte oder angestellte Personen (§ 47 a. a. O.)	3—100
	4. Erlaubnis zum ambulanten Gewerbebetrieb am Wohnort (§ 42 b a. a. O.)	10—200
	b) Gewerbebetrieb im Umherziehen (Wandergewerbebetrieb)	
	1. Erteilung von Wandergewerbescheinen[2]), Gewerbescheinen und Ersatzscheinen (§§ 55, 56d,	

*) Soweit die Entscheidungen von den Kreis-, Stadt- oder Bezirksausschüssen getroffen werden, sind die für das Beschlußverfahren vorgeschriebenen Gebühren neben den hier festgesetzten nicht zu erheben.

Lfd. Nr.	Gebührenpflichtige Amtshandlung	Gebühr Goldmark
	60 a. a. O.) und Ablehnung von Anträgen auf Ausstellung dieser Scheine	5—10
	2. Ausdehnung von Wandergewerbescheinen für das Darbieten von Lustbarkeiten aller Art auf einen anderen Bezirk (§ 60, § 55 Abs. 1 Nr. 4 a. a. O.	3
	3. Besonders erteilte Erlaubnis zur Mitführung von Personen (§ 62 a. a. O.) für jede Person	1—5
	4. Genehmigung zur Ausübung des Wandergewerbebetriebes und des ambulanten Gewerbebetriebes am Wohnort an Sonn- und Festtagen (§ 55a a. a. O.)	1—10
	5. Genehmigung zu Versteigerungen und Ausspielungen (§ 56 c a. a. O.)	1—10
	c) Zulassung ausländischer juristischer Personen zum Gewerbebetrieb in Preußen (GewO. § 12, Gesetz vom 22. Juni 1861 — Gesetzsamml. S. 441 — § 18)	300-1000
29	**Großhandelserlaubnis,** s. Handelserlaubnis.	
30	**Grunderwerb.**	
	Genehmigung zum Grundstückserwerb juristischer Personen	
	a) durch die oberste Landesbehörde (AGBGB. Artikel 7)	1/10 v. H. des Wertes des Grundstückes,
	mindestens	50
	b) durch die nachgeordneten Behörden (VO. v. 25. März 1920 — Gesetzsamml. S. 85) . . .	1/10 v. H. des Wertes des Grundstückes,
	mindestens	10
31	**Handelserlaubnis,** s. a. Metalle.	
	a) Handelserlaubnis	
	1. für den Handel mit Lebens- und Futtermitteln,	

Lfd. Nr.	Gebührenpflichtige Amtshandlung	Gebühr Goldmark
	Kartoffeln und Zucker. (VO. vom 13. Juli 1923 — Reichs-Gesetzbl. I S. 706 — §§ 1, 3, VO. vom 9. Oktober 1923 — Reichs-Gesetzbl. I S. 936 — § 7)	3—50
	2. soweit dieser Handel lediglich im Umherziehen betrieben wird	3—10
	b) Ankaufserlaubnis für Kartoffeln, Eier, Butter, Butterschmalz und Käse (VO. vom 13. Juli 1923 — Reichs-Gesetzbl. I S. 706 — §§ 17, 19)	
	1. für den ersten Erlaubnisschein	3—30
	2. für jeden weiteren demselben Ankäufer von einer anderen Genehmigungsbehörde erteilten Erlaubnisschein	1—10
	c) Abweisende Entscheidung der Handelserlaubnisstellen und der für die Erteilung der Ankaufserlaubnis gebildeten Kollegien (AusfAnw. vom 15. Juli 1923 — HMBl. S. 262 — A. I. Artikel IX, B. I. Artikel V, II) die Hälfte der Gebühr zu a oder b.	
	d) Abweisende Entscheidung über Rechtsmittel wegen Zurücknahme	
	1. einer Handelserlaubnis (§ 13 a. a. O.) . .	10—50
	2. einer Ankaufserlaubnis (§§ 13, 17, 19 a. a. O.)	5—30
	e) Abweisende Entscheidung über Rechtsmittel wegen Untersagung des Handels oder Schließung von Geschäftsräumen, Erlaubnis zur Wiederaufnahme eines untersagten Handelsbetriebes und Aufhebung der Schließung von Geschäftsräumen (§§ 20, 24 a. a. O.)	10—50
32	**Handwerksbetriebe.**	
	a) Wiedereinräumung der Befugnis zur Anleitung von Lehrlingen (GewO. § 126a letzter Abs.) .	5—100
	b) Entscheidung über die Verleihung der Befugnis zur Anleitung von Lehrlingen (Gesetz vom 30. Mai 1908 — Reichs-Gesetzbl. S. 356 — Artikel II Abs. I, GewO. § 129 Abs. 2, § 129a Abs. 3) .	3—30

Lfd. Nr.	Gebührenpflichtige Amtshandlung	Gebühr Goldmark
	c) Anerkennung oder Privilegierung von Lehrwerkstätten oder sonstigen gewerblichen Unterrichtsanstalten (§ 129 Abs. 5, 6, § 131 Abs. 2, § 133 Abs. 10 a. a. O.)	10—100
	d) Abweisende Entscheidung über Beschwerden wegen Zulassung zur Meisterprüfung (§ 133 Abs. 4 a. a. O.)	3—20
33	**Handwerkskammern.**	
	Abweisende Entscheidungen (§§ 103 c, 103 n a. a. O.)	10
34	**Hausarbeit,** s. Arbeiterschutz.	
35	**Hypotheken** (Grundschulden).	
	a) Einwilligung zur Eintragung von Hypotheken (Grundschulden in ausländischer Währung. (VO. vom 13. Februar 1920 — Reichs-Gesetzbl. S. 231 — § 1)	1/20 v. H. des Betrages der einzutragenden Hypothek (Grundschuld).
	mindestens	5
	b) Einwilligung zur Umwandlung von Hypotheken deutscher Währung in ausländische Währung (§ 1 a. a. O.)	
	die Hälfte des vorstehenden Satzes, mindestens	3
36	**Innungen, Zwangsinnungen, Innungsausschüsse, Innungsverbände.**	
	a) Genehmigung zum Erwerbe, zur Veräußerung oder zur dinglichen Belastung von Grundeigentum, sowie von Anleihen der Innungen und Zwangsinnungen (GewO. § 89 b Nr. 1, 2, § 100 c)	5—300
	b) Abweisende Entscheidungen in Angelegenheiten der Innungen, Zwangsinnungen, Innungsausschüsse und Innungsverbände (§ 89 Abs. 4, §§ 92 c, 94 a Abs. 2, §§ 94 b, 94 c, 96, 100 h, 101 Abs. 4, § 104 k a. a. O.)	5

Lfd. Nr.	Gebührenpflichtige Amtshandlung	Gebühr Goldmark
	c) Anordnung und Beschwerde über den Erlaß oder die Verfügung der Errichtung einer Zwangsinnung (§§ 100, 100 b. Abs. 3 a. a. O.) . . .	5—300
	d) Genehmigung von Statuten und Statutenänderungen eines Innungsausschusses oder eines Innungsverbandes und Abweisung von Beschwerden über deren Versagung (§ 101 Abs. 2, § 104 Abs. 1 a, b Abs. 4, 5 a. a. O.)	5—300
	e) Beilegung der Rechtsfähigkeit an einen Innungsausschuß (§ 101 Abs. 3 a. a. O.)	30—300
37	**Kalziumkarbid,** s. Azetylen.	
38	**Kinderarbeit, Kinderschutz,** s. Arbeiterschutz.	
39	**Kleinbahnen,** s. Eisenbahnen.	
40	**Kraftmaschinen, bewegliche (bewegliche Dampfkessel und Motoren),** s. a. Dampfkessel.	
	a) Genehmigung zum Betriebe beweglicher Dampfkessel auf oder an öffentlichen Wegen (PolVO., entsprechend dem durch Erlaß vom 25. März 1908 mitgeteilten Normalentw. — HMBl. S. 131 — § 3. VI.)	1—100
	b) Anerkennung der Zuverlässigkeit von Funkenfängern (§ 4 I. 1.)	6—600
	c) Gewährung von Ausnahmen von den Vorschriften über Aufstellung, Beschaffenheit und Betrieb von beweglichen Kraftmaschinen (§ 17 a. a. O.) . .	1—100
41	**Kraftfahrzeugverkehr** *).	
	Genehmigung zum Betriebe einer Kraftfahrzeuglinie (VO. vom 24. Januar 1919 — Reichs-Gesetzbl. S. 97 — § 1)	30—300
42	**Legitimations-, Gewerbelegitimationskarten** (GewO. § 44)	3—50

*) Die Gebühren für behördliche Maßnahmen im Kraftfahrzeugverkehr sind durch die Gebührenordnung des Reichsverkehrsministers vom 15. November 1923 (RMBl. S. 1039)[4]) reichsrechtlich geregelt. Für die in dieser Gebührenordnung nicht aufgeführten Amtshandlungen gelten die Vorschriften der preußischen allgemeinen Verwaltungsgebührenordnung, insbesondere die §§ 9 und 10.

Lfd. Nr.	Gebührenpflichtige Amtshandlung	Gebühr Goldmark
43	**Mäkler.**	
	a) Bestallung als	
	1. Kursmakler (Gesetz vom 27. Mai 1908 — Reichs-Gesetzbl. S. 215 — § 30)	50—100
	2. Kursmakler-Stellvertreter (§ 30 a. a. O.) . .	10—50
	b) Bestätigung oder Ermächtigung von Handelsmäklern (AGBGB. Artikel 13)	25—50
44	**Metalle, edle.**	
	Erlaubnis zum Handel mit Edelmetallen, Edelsteinen und Perlen (Gesetz vom 11. Juni 1923 — Reichs-Gesetzbl. I S. 369 — § 1) . . .	10—200
45	**Metalle, unedle.**	
	a) Erlaubnis zum Handel mit unedlen Metallen (Gesetz vom 11. Juni 1923 — Reichs-Gesetzbl. I S. 366 — § 1)	5—100
	b) Bescheinigung über die Befreiung von der Erlaubnispflicht (§ 11 a. a. O.)	5—100
46	**Mineralöle.**	
	a) Erlaubnis zur Lagerung von Mineralölen	
	1. durch Ortspolizeibehörden (PolVO., entsprechend dem durch Erlaß vom 28. August 1902 mitgeteilten Normalentw. — HMBl. S. 336 — §§ 6, 11. II., 13)	10—20
	2. durch Landespolizeibehörden (§ 7, § 11 Abs. III, § 12 Abs. III, § 13 a. a. O.)	50—200
	b) Genehmigung von Ausnahmen von den Vorschriften über den Verkehr mit Mineralölen (§ 17 a. a. O.)	50—200
47	**Mineralwasser,** s. Getränke, kohlensaure.	
48	**Orderlagerscheine.**	
	Ermächtigung von Anstalten zur Ausstellung von Orderlagerscheinen (HGB. § 363)	50
49	**Privatanschlußbahnen,** s. Eisenbahnen.	
50	**Privatschulen, gewerbliche,** und Privatunterricht.	
	Erlaubnis	
	a) zum Betriebe einer Privatschule (Erlaß vom	

Lfd. Nr.	Gebührenpflichtige Amtshandlung	Gebühr Goldmark
	1. Mai 1917 — IV 2657 — Abschn. Ziffer II — HMBl. S. 159 —)	30—100
	b) zur Erteilung von Privatunterricht (Unterrichtserlaubnisschein — Abschn. VIII a. a. O.) . .	10—50
51	**Prospekte.**	
	Befreiung von der Verpflichtung zur	
	a) Veröffentlichung eines Prospekts (Gesetz vom 27. Mai 1908 — Reichs-Gesetzbl. S. 215 — § 38)	50
	b) Einreichung eines Prospekts (§ 40 Abs. 1 a. a. O.)	20
52	**Schiffspfandrechte.**	
	a) Einwilligung zur Eintragung von Schiffspfandrechten in ausländischer Währung (Gesetz vom 26. Januar und vom 29. März 1923 — Reichs-Gesetzbl. I S. 90, 232 — § 1)	1/40 v. H. des Betrages des einzutragenden Schiffspfandrechts
	mindestens	3
	b) Einwilligung zur Umwandlung von Schiffspfandrechten deutscher Währung in ausländische Währung (§ 1 a. a. O.) die Hälfte des vorstehenden Satzes, mindestens	3
53	**Seeleute.**	
	Untersuchung der Seeleute auf Seh- und Farbenunterscheidungsvermögen.	
	a) Erstmalige Untersuchung (Bekanntmachung vom 9. Mai 1904 — ZBl. f. d. D. R. S. 142 — § 1)	3
	b) Zweite und wiederholte Untersuchung durch die ständige Kommission (§§ 2, 3 a. a. O.) . . .	6
54	**Schuldverschreibungen auf den Inhaber.**	
	Genehmigung zur Inverkehrbringung (BGB. § 795) für jede angefangenen 100 000 Goldmark des Nennwerts	50
	mindestens	200

Lfd. Nr.	Gebührenpflichtige Amtshandlung	Gebühr Goldmark
55	**Sprengstoffe** [3].	
	a) Genehmigung (Sprengstofferlaubnisschein) zur	
	1. Herstellung, zum Vertrieb und zum Besitze von Sprengstoffen	10—50
	2. Einführung von Sprengstoffen aus dem Auslande (Gesetz vom 9. Juni 1884 — Reichs-Gesetzbl. S. 61 — § 1, PolVO. vom 10. August 1921 — HMBl. S. 183 — §§ 1, 5)	600
	b) Ausstellung neuer Erlaubnisscheine an Stelle von verlorenen (PolVO. vom 10. August 1921 — HMBl. S. 183 — § 7)	30
	c) Genehmigung zur Errichtung von Sprengstofflagern	
	1. außerhalb der Herstellungsstätten (PolVO. vom 14. September 1905 — HMBl. S. 282 — § 33)	10—200
	2. an besonderen Stellen für Versuchszwecke (§ 34 a. a. O.)	50
	d) Genehmigung von Ausnahmen von den Vorschriften über den Verkehr mit Sprengstoffen (PolVO. vom 20. Oktober 1914 — HMBl. S. 507 — § 34 a)	600
	e) Visierung von Sprengstoff-Frachtscheinen (PolVO. vom 14. September 1905 — HMBl. S. 282 — § 4)	0,50
	f) Besondere Genehmigung der Schiffahrtspolizeibehörden für die Verladung aus dem Auslande kommender, explosionsgefährlicher und selbstentzündlicher Gegenstände, für die eine inländische Prüfung nicht nachgewiesen werden kann (PolVO. vom 30. März 1912 — HMBl. S. 183 — § 4)	600
56	**Strandungsangelegenheiten.**	
	Festsetzung des Berge- und Hilfslohns oder der Erstattung sonstiger Bergungs- oder Hilfskosten	

Lfd. Nr.	Gebührenpflichtige Amtshandlung	Gebühr Goldmark
	(Gesetz vom 17. Mai 1874 — Reichs-Gesetzbl. S. 73 — § 38)	5 v. H. des Wertes der angemeldeten Ansprüche,
	mindestens	3
57	**Versicherungsunternehmungen.**	
	a) Erlaubnis zum Geschäftsbetrieb (Gesetz vom 12. Mai 1901 — Reichs-Gesetzbl. S. 139 — §§ 4 bis 7)	20—1000
	b) Anerkennung eines Versicherungsvereins als kleinerer Verein (§ 53 Abs. 4 a. a. O.)	2—200
	c) Genehmigung von Verwaltungshandlungen (§§ 13, 14, 23, § 37 Abs. 2, § 41 Abs. 2, § 43 Abs. 3, § 54 Abs. 1, § 57 Abs. 2, § 99 Abs. 4, § 124 Abs. 1 a. a. O., § 28 Abs. 2, § 57 Abs. 4, § 59 Abs. 3, § 67a a. a. O., in der Fassung des Gesetzes vom 19. Juli 1923 — Reichs-Gesetzbl. I S. 684)	2—200
58	**Wandergewerbebetrieb,** s. Gewerbebetrieb.	
59	**Wechselstuben,** s. Banken.	

Anm. 1) Gemeint ist § 138 a Abs. 5.

2) Hierunter fallen auch Abänderungen und Erweiterungen solcher Scheine. In der Regel wird es angebracht sein, hier den niedrigsten Gebührensatz zu erheben. E. des HM. vom 9. 9. 1924/IIa 3851 (HMBl. S. 246).

3) In dem Begleiterlaß des HM. und M. d. J. vom 15. 7. 1924/III. 2794, I G. 791; II. G. 1315 zur „Polizeiverordnung über Sprengstoff-Erlaubnisscheine" (HMBl. S. 198) ist folgendes zu dieser T. Nr. bestimmt:

Für die Abstufung der Gebühren im einzelnen gilt folgendes:

Die Gebühr beträgt, wenn der Erlaubnisschein nur den Inhaber deckt	10 M.
außer dem Inhaber noch bis zu 5 Personen deckt, die unter seiner verantwortlichen Leitung arbeiten	15 „
außer dem Inhaber noch 6 bis 20 Personen deckt, die usw.	20 „
„ „ „ „ 21 „ 50 „ „ „	30 „
„ „ „ „ über 50 „ „ „	50 „

4) Diese GO. ist inzwischen durch die folgenden Bestimmungen ersetzt worden:

Gebührenordnung für behördliche Maßnahmen im Kraftfahrzeugverkehre.

Vom 26. Mai 1924.

(RMBl. S. 191.)

Auf Grund des § 6 des Gesetzes über den Verkehr mit Kraftfahrzeugen vom 3. Mai 1909 in der Fassung des Artikel VI des Gesetzes vom 21. Juli 1923 (Reichsgesetzbl. I S. 743) wird nach Zustimmung des Reichsrats hiermit verordnet:

Artikel I.

Für Maßnahmen der Landesbehörden im Kraftfahrzeugverkehre werden folgende Gebühren festgesetzt:

A.

Bei Durchführung der Verordnung über Kraftfahrzeugverkehr vom 15. März 1923 in der Fassung der Verordnung vom 18. April 1924 (RGBl. I S. 413) für:

1. Erteilung einer Typenbescheinigung (§ 5 Abs. 3)
   für Krafträder . . . . 10,— M.
   für Kraftwagen . . . . 20,— „
2. Änderung einer Typenbescheinigung
   für Krafträder . . . . 3,— „
   für Kraftwagen . . . . 5,— „
3. Beglaubigung eines Abdrucks einer Typenbescheinigung
   für Krafträder . . . . 0,50 „
   für Kraftwagen . . . . 1,— „
4. Erteilung einer Zulassungsbescheinigung, Eintragung des Kraftfahrzeugs in die Liste und Zuteilung des Kennzeichens (§ 6 Abs. 2)
   für Krafträder . . . . 3,— „
   für Kraftwagen . . . . 5,— „
5. Erneuerung der Zulassungsbescheinigung bei veränderter Bauart des Fahrzeugs, bei Wechsel des Wohnorts des Eigentümers oder bei Wechsel des Eigentümers (§ 6 Abs. 3 Satz 2, Abs. 4 und 6)
   für Krafträder . . . . 3,— „
   für Kraftwagen . . . . 5,— „
6. Berichtigung einer Zulassungsbescheinigung und der Liste (§ 6 Abs. 3 Satz 1)
   bei Krafträdern . . . . 1,— „
   bei Kraftwagen . . . . 2,— „
7. Erteilung einer Zulassungsbescheinigung (§ 6 Abs. 2) als Ersatz für eine in Verlust geratene, außer den Kosten einer etwaigen öffentlichen Ungültigkeitserklärung
   bei Krafträdern . . . . 3,— „
   bei Kraftwagen . . . . 5,— „
8. Einziehung der Zulassungsbescheinigung und des polizeilichen Kennzeichens oder Vernichtung des darauf befind-

lichen Dienststempels in den Fällen des § 6 Abs. 5 Satz 3 und 4

bei Krafträdern .... 3,— M.
bei Kraftwagen .... 5,— „

9. Prüfung eines Kraftfahrzeugs hinsichtlich der Beachtung der Vorschriften der §§ 8, 10 und 11 sowie für Abstempelung des Kennzeichens durch die Polizeibehörde (§§ 9 und 12), außer den Kosten einer etwa zugeteilten Metallmarke oder dergleichen

bei Krafträdern .... 1,— „
bei Kraftwagen .... 2,— „

10. Prüfung eines Antrags auf Erteilung eines Führerscheins (Anlage Ziff. I Abs. 2 Satz 1)

für Krafträder .... 1,— „
für Kraftwagen .... 2,— „

11. Erteilung eines Führerscheins (§ 14 Abs. 1 und 3)

für Krafträder .... 3,— „
in anderen Fällen .... 5,— „

12. Ergänzung eines Führerscheins (Anlage Ziff. III Abs. 2)

auf die Führung von Krafträdern................ 1,— „
auf die Führung von Kraftwagen .... 2,— „

13. Ausfertigung eines Führerscheins als Ersatz für einen in Verlust geratenen, außer den Kosten einer etwaigen öffentlichen Ungültigkeitserklärung

für Krafträder .... 3,— „
in anderen Fällen .... 5,— „

14. Erteilung der Genehmigung für eine Zuverlässigkeitsfahrt oder ähnliche Veranstaltung (§ 24 Abs. 2)

a) durch eine oberste Landesbehörde

bei Beschränkung auf Krafträder .... 30,— bis 100,— „
in anderen Fällen .... 50,— bis 150,— „

b) durch eine andere Behörde

bei Beschränkung auf Krafträder .... 15,— bis 50,— „
in anderen Fällen .... 25,— bis 75,— „

15. Erteilung der Erlaubnis zum Mitführen einer Anhängeachse zur Lastenbeförderung oder von mehr als einem Anhängewagen oder zum Mitführen eines Anhängewagens, wenn den Bedingungen im Abs. 1 Nr. 1, 3, 4 oder 5 des § 25 nicht genügt ist (§ 25 Abs. 4 Satz 1).................. 2,— „

16. Erteilung der Erlaubnis zum Mitführen einer Anhängeachse zur Personenbeförderung (§ 25 Abs. 4 Satz 4).... 2,— „

17. Erteilung einer Zulassungsbescheinigung zur Veranstaltung von Probefahrten und Zuteilung eines Probefahrtkennzeichens nach § 34 Abs. 1

für Krafträder .... 3,— „
für Kraftwagen .... 5,— „

18. Erteilung einer Zulassungsbescheinigung zur Veranstaltung von Probefahrten nach § 34 Abs. 2

mit Krafträdern............................ 0,50 „

mit Kraftwagen .... 1,– M.

19. Zuteilung eines Probefahrtkennzeichens zu wiederkehrender Verwendung (§ 34 Abs. 2)
nur für Krafträder .... 3,– „
in anderen Fällen .... 5,– „

20. Abstempelung eines Probefahrtkennzeichens (§ 34 Abs. 1 und 2)
für Krafträder .... 1,– „
in anderen Fällen .... 2,– „

21. Erteilung eines Ausweises für Kleinkraftradführer unter 16 Jahren (§ 41 Nr. 2) .... 5,– „

22. Erteilung der Ermächtigung zur Ausstellung von Bescheinigungen über Kleinkrafträder (§ 41 Nr. 3) .... 15,– „

B.

Bei Durchführung der Verordnung, betreffend die Ausbildung von Kraftfahrzeugführern, vom 1. März 1921 in der Fassung der Verordnung vom 21. Oktober 1923 (RGBl. I S. 988) für:

1. Erteilung eines Fahrlehrerscheins (§ 1)
a) nur für Ausbildung von Kraftradführern .... 5,– M.
b) in anderen Fällen .... 15,– „

2. Ausdehnung der Gültigkeit eines Fahrlehrerscheins (Anlage Ziff. V Abs. 5) für
a) Ausbildung von Kraftradführern auf Ausbildung von Kraftwagenführern .... 15,– „
b) Ausbildung von Kraftwagenführern auf Ausbildung von Kraftradführern .... 5,– „
c) Ausbildung von Kraftwagenführern auf Ausbildung von Kraftwagenführern auf Fahrzeugen einer anderen Betriebsart oder Klasse .... 5,– „

3. Ausfertigung eines Fahrlehrerscheins als Ersatz für einen in Verlust geratenen (Anlage Ziffer V Abs. 5), außer den Kosten einer etwaigen öffentlichen Ungültigkeitserklärung
a) nur für Ausbildung von Kraftradführern .... 5,– „
b) in anderen Fällen .... 15,– „

4. Erteilung der Erlaubnis zum gewerbsmäßigen Betrieb eines privaten Ausbildungsunternehmens (§ 2) ...... 25,– bis 75,– „

5. Ergänzung einer Erlaubnis zum gewerbsmäßigen Betrieb eines privaten Ausbildungsunternehmens (§ 2) .... 5,– „

C.

Bei Durchführung der Vorschriften über den internationalen Verkehr mit Kraftfahrzeugen (vgl. die Verordnungen vom 21. April 1910 — Reichsgesetzbl. S. 640 — und 15. November 1923 — Reichsministerialbl. S. 1039) für:

1. Erteilung eines internationalen Fahrausweises........... 15,– M.

2. Erteilung eines internationalen Fahrausweises als Ersatz für einen in Verlust geratenen, außer den Kosten einer etwaigen öffentlichen Ungültigkeitserklärung .... 15,– „

3. Nachträge zu einem internationalen Fahrausweise ...... 5,– „

Artikel II.

Die Gebühren sind nach dem Goldwert zu leisten. Dieser bestimmt sich nach dem vom Reichsminister der Finanzen fortlaufend festgesetzten und veröffentlichten Goldumrechnungssatze.

Artikel III.

Außer den Gebühren nach Artikel I und II können für im Artikel I nicht aufgeführte Amtshandlungen Gebühren nach landesrechtlichen Vorschriften erhoben werden.

Artikel IV.

Die Gebührenordnung für behördliche Maßnahmen im Kraftfahrzeugverkehre vom 15. November 1923 (Reichsministerialbl. S. 1039) tritt außer Kraft.

11. Gebührenordnung für die Inanspruchnahme von Behörden durch private Vieh-, Bienen- und Hagelversicherungsunternehmungen.

Vom 9. Juli 1924.

(LMBl. S. 403.)

Auf Grund des § 4 Abs. 1 des Gesetzes über staatliche Verwaltungsgebühren vom 29. September 1923 (Gesetzsamml. S. 455) wird für die auf Veranlassung der privaten Vieh-, Bienen- und Hagelversicherungsunternehmungen vorgenommenen Amtshandlungen im Einverständnis mit dem Herrn Finanzminister folgende Gebührenordnung erlassen:

§ 1

Die Erhebung von Gebühren erfolgt nach der Allgemeinen Verwaltungsgebührenordnung nebst Ausführungsanweisung vom 29. Dezember 1923 (Gesetzsamml. 1924 S. 1, Besoldungsbl. S. 249), soweit nicht nachstehend anderes bestimmt ist.

§ 2

Als Gebühren sind zu erheben:

a) für die Erlaubnis zum Geschäftsbetrieb (Gesetz vom 12. 5. 1901 — Reichsgesetzbl. S. 139 — §§ 4 bis 7) 20 bis 1000 Goldmark,

b) für die Anerkennung eines Versicherungsvereins als kleinerer Verein (§ 53 Abs. 4 a. a. O.) 2 bis 200 Goldmark,

c) für die Genehmigung von Verwaltungshandlungen (§§ 13, 14, 23, § 37 Abs. 2, § 41 Abs. 2, § 43 Abs. 3, § 54 Abs. 1, § 57 Abs. 2, § 99 Abs. 4, § 124 Abs. 1 a. a. O., § 28 Abs. 2, § 57 Abs. 4, § 59 Abs. 3, § 67 a a. a. O. in der Fassung des Gesetzes vom 19. Juli 1923 — Reichsgesetzbl. I S. 684) 2 bis 200 Goldmark.

§ 3

Neben den durch diese Verordnung vorgeschriebenen Gebühren ist ein Stempel nicht zu erheben.

§ 4

Diese Verordnung tritt am Tage der Veröffentlichung in Kraft.

12. Gebührenordnung zur Bekanntmachung über den Verkehr mit landwirtschaftlichen Grundstücken vom 15. März 1918 (Reichs-Gesetzbl. S. 123.) Vom 9. Juli 1924.

(LMBl. S. 391.)

Auf Grund des § 4 Abs. 1 des Gesetzes über staatliche Verwaltungsgebühren vom 29. September 1923 (Gesetzsamml. S. 455) wird im Einverständnis mit dem Finanzminister folgendes angeordnet:

§ 1

Die Gebühr für die Entscheidung über einen Antrag auf Genehmigung eines nach § 1 der Bekanntmachung über den Verkehr mit landwirtschaftlichen Grundstücken vom 15. März 1918 (RGBl. S. 123) genehmigungspflichtigen Rechtsgeschäftes beträgt für jede angefangenen 1000 Goldmark des dem Rechtsgeschäft zugrunde liegenden Grundstückswerts

in der ersten Instanz . . . . 0,50 Goldmark,
in der Beschwerdeinstanz . . . 1,00 „

falls die Beschwerde abgewiesen wird, in jedem Falle mindestens 10 und höchstens 300 Goldmark.

§ 2

Zur Zahlung der Gebühr ist jeder der an dem genehmigungspflichtigen Rechtsgeschäfte beteiligten Vertragschließenden, im Beschwerdeverfahren der Beschwerdeführer verpflichtet.

§ 3

Im übrigen gelten die Bestimmungen der Allgemeinen Verwaltungsgebührenordnung vom 29. Dezember 1923 (Gesetzsamml. 1924 S. 1).

§ 4

Diese Gebührenordnung tritt mit ihrer Verkündung im Ministerialblatt der landwirtschaftlichen Verwaltung in Kraft.

13.

a. Verwaltungsgebührenordnung für Staatsangehörigkeitssachen[1]).

Vom 10. Juli 1924.

(MBliV. S. 747.)

Auf Grund des § 4 Abs. 1 des Gesetzes über staatliche Verwaltungsgebühren vom 29. September 1923 — Gesetzsamml. S. 455 — wird im Einverständnis mit dem Finanzminister folgendes verordnet:

Lfd. Nr.	Gegenstand der Gebührenerhebung	Gebühr Goldmark
	Vom 10. 7. 1924 ab sind in Staatsangehörigkeitssachen folgende Verwaltungsgebühren zu erheben:	
1	für **Einbürgerungsurkunden** (abgesehen von solchen in den im Abs. 3 der Ziff. 1 erwähnten Fällen)	500
	Dieser Betrag kann im Falle nachgewiesener oder offenkundiger Bedürftigkeit auf Antrag durch die einbürgernde Behörde bis auf 10 G.M. ermäßigt werden. Eine weitere Ermäßigung oder eine solche aus Billigkeitsgründen darf nur mit Zustimmung des Ministers des Innern erfolgen; ebenso ein gänzlicher Erlaß der Gebühr.	
	Für Einbürgerungsurkunden in den Fällen der §§ 10, 11, 12, des § 15 Abs. 2 erster Halbs. und des § 31 des Reichs- und Staatsangehörigkeitsgesetzes (RGBl. 1913 S. 583) beträgt die Gebühr	

Lfd. Nr.	Gegenstand der Gebührenerhebung	Gebühr Goldmark
	entsprechend der VO. v. 27. 6. 1924 (RGBl. I S. 659)	20
	Bei nachgewiesener oder offenkundiger Bedürftigkeit oder aus Billigkeitsgründen kann die ausfertigende Behörde die Gebühr auf Antrag bis auf 5 G.M. ermäßigen oder ganz erlassen.	
2	für **Aufnahmeurkunden** (§ 7 des Reichs- und Staatsangehörigkeitsgesetzes) entsprechend der VO. vom 27. 6. 1924 (RGBl. I S. 659)	10
	Bei nachgewiesener oder offenkundiger Bedürftigkeit oder aus Billigkeitsgründen ist auf Antrag Ermäßigung bis auf 3 GM. oder gänzlicher Erlaß durch die ausfertigende Behörde zulässig.	
3	für **Entlassungsurkunden** entsprechend der VO. vom 27. 6. 1924 (RGBl. I S. 659):	
	a) im Falle des § 21 des Reichs- und Staatsangehörigkeitsgesetzes	10
	Ermäßigung oder Erlaß wie bei Ziff. 2.	
	b) in den übrigen Fällen der Entlassung	50
	Ermäßigung oder Erlaß ist nur mit Zustimmung des Ministers des Innern zulässig.	
4	für **Heimatscheine**	10
	Ermäßigung oder Erlaß wie bei Ziff. 2.	
5	für **Staatsangehörigkeitsausweise**	5
	Bei nachgewiesener oder offenkundiger Bedürftigkeit oder aus Billigkeitsgründen ist auf Antrag Ermäßigung bis auf 0,50 G.M. oder gänzlicher Erlaß durch die ausfertigende Behörde zulässig.	
6	für **Genehmigungen zur Beibehaltung der Staatsangehörigkeit** (§ 25 Abs. 2 des Reichs- und Staatsangehörigkeitsgesetzes)	100
	Ermäßigung oder Erlaß wie bei Ziff. 2.	
7	für **Genehmigungen zum Eintritt in ausländische Staatsdienste** (§ 28 Abs. 1 des Reichs- und Staatsangehörigkeitsgesetzes)	100
	Ermäßigung oder Erlaß wie bei Ziff. 2.	

Lfd. Nr.	Gegenstand der Gebührenerhebung	Gebühr Goldmark
8	für **Bescheinigungen über eingetretenen Verlust oder Nichtbesitz der Staatsangehörigkeit** . . . . . Ermäßigung oder Erlaß wie bei Ziff. 2.	100
9	für **sonstige gebührenpflichtige Amtshandlungen** in Staatsangehörigkeitssachen gelten die im allgemeinen Gebührentarif vom 29. 12. 1923 (PrGesSl. S. 248) vorgesehenen Sätze.	
10	**Gebührenfrei** sind:	
	a) Einbürgerungsurkunden für frühere Deutsche, die infolge des Vertrages von Versailles die Reichsangehörigkeit verloren und inzwischen keine andere, als die ihnen durch jenen Vertrag aufgezwungene fremde Staatsangehörigkeit erworben haben (vgl. Erl. vom 13. 3. 1922, MBliV. S. 491; vom 21. 5. 1922, MBliV. S. 511; vom 14. 6. 1923, MBliV. S. 686),	
	b) Einbürgerungsurkunden für staatlose Kriegsteilnehmer und ihre Angehörigen oder Hinterbliebenen, die zwecks Erlangung einer Rente oder sonstiger Versorgungsgebührnisse ihre Einbürgerung beantragt haben (vgl. Erlaß vom 16. 8. 1921, MBliV. S. 281; vom 21. 5. 1922, MBliV. S. 511),	
	c) Bescheide und Urkunden, die auf Grund des Vertrages von Versailles oder der zu seiner Ausführung ergangenen oder noch ergehenden Bestimmungen im Optionsverfahren erteilt werden,	
	d) der in den Erl. v. 21. 4. 1920 — IV c 1359 (nicht veröffentl.), v. 17. 6. 1921 — IV c 2120 (nicht veröffentl.), v. 28. 1. 1922 (MBliV. S. 143) u. v. 30. 3. 1922 (MBliV. S. 367) vorgesehene Behördenschriftwechsel,	
	e) Zwischenbescheide in den unter Ziff. 1 bis 8 erwähnten Angelegenheiten.	

Lfd. Nr.	Gegenstand der Gebührenerhebung	Gebühr Goldmark
11	Für die **Ablehnung eines Einbürgerungsantrages** in den gebührenpflichtigen Fällen durch die Reg.-Präs. oder den Pol.-Präs. von Berlin ist die Hälfte derjenigen Gebühr zu entrichten, die im Falle der Genehmigung des Antrages für die Einbürgerungsurkunde erhoben werden würde. Für den im Beschwerdewege ergehenden ablehnenden Bescheid des Min. d. Inn. wird mindestens die gleiche Gebühr wie für den ablehnenden Bescheid des Reg.-Präs. usw., höchstens aber die Hälfte der Höchstgebühr für Einbürgerungsurkunden erhoben. Bei Aufhebung des ablehnenden Bescheides des Reg.-Präs. usw. durch den Min. d. Inn. ist nur die Gebühr für die Einbürgerungsurkunde fällig. Auf diese Gebühr ist der für den ablehnenden Bescheid des Reg.-Präs. usw. erhobene Gebührenbetrag anzurechnen.	
12	Wird in gebührenpflichtigen Fällen ein **Einbürgerungsantrag** oder die **Beschwerde** über dessen Ablehnung **zurückgenommen**, so ist je nach der schon erfolgten sachlichen Bearbeitung der Angelegenheit ein Viertel bis zur Hälfte der im Falle der Genehmigung des Antrages für die Einbürgerungsurkunde fälligen Gebühr zu entrichten.	
13	Für die **Ablehnung von Anträgen oder Beschwerden** in den oben unter Ziff. 10 a bis d angeführten Fällen gelten die im allgemeinen Gebührentarif vom 29. 12. 1923 (PrBesBl. S. 248) vorgesehenen Sätze. Bei der Zurücknahme derartiger Anträge und Beschwerden wird eine Gebühr nicht erhoben.	
14	Im Falle der **Ablehnung oder Zurücknahme von Anträgen** auf Erteilung oder **von Beschwerden** wegen Versagung einer der unter Ziff. 2 bis 8 erwähnten Urkunden gilt das unter Ziffer 11 und 12 Gesagte entsprechend.	

Lfd. Nr.	Gegenstand der Gebührenerhebung	Gebühr Goldmark
15	Für die **Ablehnung oder die Zurücknahme von Anträgen, Anfragen und Beschwerden** in den unter Ziff. 9 angeführten Staatsangehörigkeitssachen gelten die Vorschriften der allgemeinen Verwaltungsgebührenordnung vom 29. 12. 1923 (PrBesBl. S. 247).	
16	Neben den oben festgesetzten Gebühren ist ein Stempel nicht zu erheben; auch nicht nach den Tarifstellen 10, 43 und 77 des Stempelsteuergesetzes. Stempelfrei sind ferner die gebührenfrei zu erteilenden Bescheide und Urkunden.	

Anm. [1]) Die erste VGO. für Staatsangehörigkeitssachen vom 23. 1. 1924 (MBl. i. V. S. 105) ist durch die V. vom 3. 7. 1924 (MBl. i. V. S. 719) abgeändert und unter dem 10. 7. 1924 in der nachstehenden Fassung neu bekannt gegeben worden.

b. Ausführungsanweisung zur Verwaltungsgebührenordnung für Staatsangehörigkeitssachen [1]). Vom 10. Juli 1924.

(MBliV. S. 749)

1. Zu Ziff. 1: Die Höhe der Gebühr für Einbürgerungsurkunden ist mit Rücksicht auf die längere Dauer des Einbürgerungsverfahrens wie bisher erst bei Ausfertigung der Einbürgerungsurkunde festzusetzen, und zwar nachdem auf Grund der gesamten wirtschaftlichen und sonstigen Verhältnisse des Einzubürgernden sorgfältig geprüft worden ist, welchen Betrag er wirklich zahlen kann. Würde es dem Antragsteller besonders schwer fallen, den Höchstbetrag der Gebühr, den er an sich wohl zahlen könnte, auf einmal zu entrichten, so können Ratenzahlungen bewilligt werden. Solche können auch bei Festsetzung einer ermäßigten Gebühr gewährt werden. Die Einbürgerungsurkunden dürfen jedoch erst ausgehändigt werden, nachdem der festgesetzte Gebührenbetrag ganz entrichtet ist. Weigert sich der Gesuchsteller diesen Betrag zu zahlen, so ist der Einbürgerungsantrag abzulehnen, da der Antragsteller dann

nicht als ein erwünschter Bevölkerungszuwachs angesehen werden kann.

Auch in den im Abs. 3 der Ziff. 1 erwähnten Fällen darf die Aushändigung der Einbürgerungsurkunde erst nach Entrichtung der festgesetzten Gebühr erfolgen.

2. Zu Ziff. 2 bis 8: Von der vorgesehenen Befugnis, die Gebühr gänzlich zu erlassen, darf die ausfertigende Behörde nur in besonderen Ausnahmefällen Gebrauch machen.

3. Zu Ziff. 10 e: Die Erteilung von Einbürgerungszusicherungen in Fällen, in denen die Einbürgerung erst nach Entlassung des Antragstellers aus seiner bisherigen Staatsangehörigkeit erfolgen darf, stellt sich als eine der erstrebten Amtshandlung (der Einbürgerung) vorhergehende amtliche Tätigkeit dar, für die nach § 1 der allgemeinen Verwaltungsgebührenordnung vom 29. 12. 1923 und Ziff. 1 der Ausführungsanweisung vom gleichen Tage (PrBesBl. S. 247 u. 249) eine Gebühr nicht erhoben werden darf.

4. Zu Ziff. 11: Die Reg.-Präs. und der Pol.-Präs. von Berlin haben künftig die abschlägigen Bescheide auf Einbürgerungsanträge unmittelbar an die Gesuchsteller zu richten und nicht, wie es mitunter geschieht, die Unterbehörden mit der Bescheidung zu beauftragen.

In einem Falle z. B., in dem bei Genehmigung des Antrages die Gebühr für die Einbürgerungsurkunde 300 GM. betragen haben würde, wären für den ablehnenden Bescheid des Reg.-Präs. usw. 150 GM. zu zahlen, während für den ablehnenden Bescheid des Ministers mindestens 150, höchstens 250 GM. erhoben werden würden.

5. Zu Ziff. 12: In dem oben bei Ziff. 4 angeführten Falle würde die Gebühr 75 bis 150 GM. betragen. Bei der Zurücknahme eines lediglich registrierten Antrages usw. ist eine Gebühr nicht zu erheben.

6. Die einkommenden Gebühren und etwaige überschießende Beträge (vgl. Erl. v. 14. 6. 1923, MBliV. S. 686) sind vom 1. 4. 1924 ab bei Kap. 31, Tit 1^b des Haushalts von der Verwaltung des Innern zu verrechnen.

7. Im übrigen gelten für die Gebührenerhebung in Staatsangehörigkeitssachen — soweit nicht in der Verwaltungsgebührenordnung für diese in der Fassung der Verordnung vom 3. 7. 1924

Abweichendes bestimmt worden ist — die Vorschriften der allgemeinen Verwaltungsgebührenordnung und deren Ausführungsanweisung vom 29. 12. 1923 (PrBesBl. S. 247 u. 249).

8. Eine Nachprüfung der Gebührenerhebung an Ort und Stelle bleibt auch weiterhin vorbehalten.

Anm. [1]) Neufassung der AA. vom 23. 1. 1924 (MBl. i. B. S. 108).

14. Sondergebührenordnung für die Medizinalverwaltung. Vom 12. Juli 1924.

(VMBl. S. 308.)

Auf Grund des § 4 des Gesetzes über staatliche Verwaltungsgebühren vom 29. September 1923 (Gesetzsamml. S. 455) wird im Einverständnis mit dem Finanzminister folgendes angeordnet:

I.

§ 1

Die Erhebung von Verwaltungsgebühren im Geschäftsbereich des Ministeriums für Volkswohlfahrt — Medizinalverwaltung — erfolgt nach der Allgemeinen Verwaltungsgebührenordnung vom 29. Dezember 1923 (Gesetzsamml. 1924 S. 1) nebst Ausführungsanweisung (Besoldungsbl. 1923 S. 249), soweit nicht nachfolgend Abweichendes bestimmt ist.

§ 2

Für die Höhe der besonderen Gebühren ist der anliegende Tarif maßgebend.

§ 3

In den im Tarif geregelten Fällen ist ein Stempel nicht zu erheben.

§ 4

Die auf Grund des Gesetzes vom 14. Juli 1909, betr. die Gebühren der Medizinalbeamten (Gesetzsamml. S. 625), zu erhebenden Gebühren bleiben unberührt[1]).

§ 5

Diese Verordnung tritt mit dem Tage der Veröffentlichung im Ministerialblatt „Volkswohlfahrt" in Kraft.

Anm. [1]) a) Hierzu E. des M. f. V. vom 22. 7. 1924/I. M. I. 1653 (VMBl. S. 289):

Neben den auf Grund des Gesetzes, betreffend die Gebühren der Medizinalbeamten, vom 14. 7. 1909 nach § 4 der GO. zu erhebenden Gebühren ist die durch die aVGO. vorgeschriebene VG. an Stelle des Landesstempels zu erheben.

Nicht voll besoldete Kreisärzte (Gerichtsärzte) haben die von ihnen für Amtshandlungen erhobenen VG. in voller Höhe an die Staatskasse abzuführen . . . . . .

Kommunalärzte, die mit kreisärztlichen Geschäften betraut sind, haben die für kreisärztliche Amtshandlungen erhobenen VG. in voller Höhe an die Staatskasse abzuführen.

b) Ferner E. des M. f. V. vom 4. 12. 1924/I. M. I. 1891 (VMBl. S. 470).

Die Vorschrift des § 1 des Gesetzes über staatliche Verwaltungsgebühren vom 29. September 1923 (Gesetzsamml. S. 455), wonach staatliche Organe für einzelne Amtshandlungen, die auf Veranlassung der Beteiligten vorgenommen werden und im wesentlichen im Interesse einzelner erfolgen, Verwaltungsgebühren zu erheben haben, gilt auch für den Kreisarzt. Sobald dieser in seiner Eigenschaft als staatlicher Gesundheitsbeamter in Tätigkeit tritt, muß er demnach prüfen, ob eine Verwaltungsgebühr zu fordern ist. Diese Prüfung hat, solange der Tarif einer Sondergebührenordnung für die Medizinalverwaltung nicht Verrichtungen aufführt, die auf dem Gebiet der amtlichen Tätigkeit des Kreisarztes liegen, lediglich auf Grund der Allgemeinen Verwaltungsgebührenordnung vom 29. Dezember 1923, insbesondere unter Beachtung des dazu gehörenden Tarifs, ferner der Ausführungsanweisung vom gleichen Tage und der Richtlinien zu der vorbezeichneten Verwaltungsgebührenordnung (2. Ausführungsanweisung) vom 15. August 1924 (Preuß. Besoldungsblatt vom 1. September 1924 Nr. 65) zu erfolgen (vgl. § 1 der Sondergebührenordnung für die Medizinalverwaltung vom 12. Juli 1924 — Volkswohlfahrt S. 308 —).

In denjenigen Fällen, in denen der Kreisarzt bisher eine Gebühr auf Grund des Gesetzes vom 14. Juli 1909, betreffend die Gebühren der Medizinalbeamten erhoben hat, kann er auch weiterhin die Zahlung einer solchen Gebühr verlangen. Denn der § 4 der Sondergebührenordnung für die Medizinalverwaltung bestimmt, daß die auf Grund des Gesetzes vom 14. Juli 1909 zu erhebenden Gebühren unberührt bleiben. Der Kreisarzt muß aber auch in diesen Fällen prüfen, ob nicht neben der Gebühr des Gesetzes vom 14. Juli 1909 noch gemäß den oben angegebenen Vorschriften eine Verwaltungsgebühr für den Staat einzuziehen ist. Von der Aufführung aller einzelnen Fälle, in denen neben der Gebühr des Gesetzes vom 14. Juli 1909 noch eine staatliche Verwaltungsgebühr in Frage kommt, muß ich absehen. In der Hauptsache wird es sich dabei um schriftliche Gutachten bzw. Zeugnisse handeln.

Ein Stempel auf Grund des Stempelsteuergesetzes, insbesondere der Zeugnisstempel ist neben der Verwaltungsgebühr nicht zu erheben (Erlaß vom 22. Juli 1924 — I. M. I. 1653 — Volkswohlfahrt S. 289 — und Stempelsteuergesetz vom 27. Oktober 1924 — Gesetzsamml. S. 627 —).

Zu beachten ist, daß die Erhebung einer Verwaltungsgebühr durch den Kreisarzt dann ausscheidet, wenn seine Amtshandlung überwiegend im öffentlichen Interesse, insbesondere auf Veranlassung einer deutschen Behörde stattfindet (§ 2 Ziff. 1 der VGO. vom 29. Dezember 1923, Ziff. 11 der Richtlinien vom 15. August 1924). Dabei ist es gleichgültig, ob die veranlassende Behörde ihrerseits von Amts wegen oder in Verfolg eines Antrages einer Einzelperson in deren Privatinteresse den Kreisarzt um die Amtshandlung ersucht hat, sofern sich diese lediglich als Verwaltungshilfe für die veranlassende Behörde darstellt (vgl. Ziff. 3 der Richtlinien). Auch in letzterem Fall hat also der Kreisarzt keine Verwaltungsgebühr von dem Antragsteller zu fordern. Wenn im § 2 Ziff. 1 der VGO. die Einschränkung enthalten ist: „es sei denn, daß die Gebühr einem Dritten als mittelbarem Veranlasser zur Last zu legen ist", so ist hierbei, wie sich aus dem Schlußsatz der Ziff. 3 der Richtlinien ergibt, an andere Fälle gedacht, z. B. an solche, in denen der Antragsteller zulässigerweise seinen Antrag bei einer nicht zur Entscheidung über den Antrag zuständigen Behörde einreicht. So kann z. B. der Antrag auf Erteilung eines Wandergewerbescheines bei der Ortspolizeibehörde des Wohnorts oder des Aufenthaltsorts gestellt werden (Ziff. 63 der Ausf.-Anw. z. GewO.). Die zunächst angegangene Behörde hat den Antrag alsdann mit den etwa von ihr herbeizuschaffenden Unterlagen — gegebenenfalls durch die Ortspolizeibehörde des inländischen Wohnorts — an die zur Entscheidung berufene Stelle, hier an den Bezirksausschuß bzw. Regierungspräsidenten, in Berlin an den Polizeipräsidenten weiterzugeben (Ziff. 66 a. a. O.). In diesen Fällen soll von der zur Entscheidung berufenen Stelle eine Verwaltungsgebühr festgesetzt werden, obgleich die Stelle ihre Entscheidung nur mittelbar auf Veranlassung eines einzelnen in dessen Privatinteresse trifft.

Das ärztliche Attest eines Kreisarztes ist dann verwaltungsgebührenpflichtig, wenn es sich um ein „amtsärztliches" bzw. „kreisärztliches" Attest handelt, dessen der Nachsuchende zur Erlangung einer Genehmigung oder eines Zeugnisses bedarf. Die allgemeinen Vorschriften, nach denen im Einzelfalle von einer Verwaltungsgebühr abzusehen ist, bleiben dabei unberührt. Die Erhebung einer Verwaltungsgebühr für ein derartiges Attest hat durch den Kreisarzt zu erfolgen, wenn sich der Nachsuchende wegen der Ausstellung des Attestes an ihn wendet. Nur wenn die für die Erteilung des Zeugnisses oder der Genehmigung zuständige Behörde den Kreisarzt um das amtsärztliche Gutachten ersucht, kommt nach dem oben Gesagten eine vom Kreisarzt zu erhebende Verwaltungsgebühr nicht in Frage.

Daß alle Kreisärzte, auch die nicht vollbesoldeten, die von ihnen erhobenen staatlichen Verwaltungsgebühren in voller Höhe an die Staatskasse abzuführen haben, ist bereits im Erlaß vom 22. Juli 1924 — I. M. I. 1653 — zum Ausdruck gebracht (vgl. Anm. 1a).

II.
Tarif

Lfd. Nr.	Gebührenpflichtige Amtshandlung	Gebühr Goldmark
1	**Apotheken.**	
	a) Konzession	
	1. zum Betriebe[1])	
	aa) bei Vererblichkeit oder Veräußerlichkeit der Konzession	1% des Wertes der Konzession
	mindestens aber	300
	bb) sonst	300
	2. zur Errichtung einer Zweig-(Filial-)Apotheke theke	50
	3. zur Verlegung einer Apotheke auf Antrag des Besitzers	150
	§ 54 der Preußischen Allgemeinen Gewerbeordnung vom 17. Januar 1845 (Gesetzsamml. S. 41).	
	b) Befähigungszeugnis zur Verwaltung der Dispensieranstalt eines Krankenhauses (für Diakonissen und Mitglieder staatlich anerkannter geistlicher Genossenschaften für Krankenpflege) — Erlaß des Ministers für Medizinalangelegenheiten vom 2. Juli 1853 — M 3167 — und vom 25. September 1906 — M 7836 —	3
2	**Approbation** der Ärzte, Zahnärzte und Apotheker*):	
	a) nach Ablegung der vorgeschriebenen Prüfungen	10
	b) unter Befreiung von den vorgeschriebenen Prüfungen	30—150
	— § 29 der Reichsgewerbeordnung —	
3	**Gift:**[2])	
	a) Erlaubnisschein zum Erwerbe von Gift[3]) —	

*) Bei Reichsausländern wird das Fünffache der Sätze erhoben. Die einfachen Sätze gelten jedoch bei Deutschösterreichern, die einen entsprechenden Ausweis über ihre Staatsangehörigkeit beibringen, und bei Angehörigen der vom Deutschen Reiche abgetrennten Gebiete mit deutscher Abstammung und deutscher Muttersprache.

Lfd. Nr.	Gebührenpflichtige Amtshandlung	Gebühr Goldmark
	§ 12 der Polizeiverordnung vom 22. Februar 1906 über den Handel mit Giften (MinBl. f. Med. Ang. 1906 S. 114) —	50
	b) Genehmigung zur Verwendung hochgiftiger Stoffe zur Schädlingsbekämpfung — Bekanntmachung zur Ausführung der Verordnung über die Schädlingsbekämpfung mit hochgiftigen Stoffen vom 17. Juli 1922 (Reichs-Gesetzbl. S. 630) — . .	25
	c) Genehmigung zur selbsttätigen Teilnahme Angestellter gewerblicher Entwesungsbetriebe an Ausgasungen — Erlasse vom 1. Oktober 1923 und 28. August 1924 betr. die Schädlingsbekämpfung mit hochgiftigen Stoffen (Volkswohlfahrt 1923 S. 474 und 1924 S. 356) —	3
	d) Genehmigung zum Handel mit Gift — § 49 der Preußischen Gewerbeordnung vom 22. Juni 1861 und die in den Provinzen Hannover, Schleswig-Holstein und Hessen-Nassau für die Genehmigung des Handels mit Giften geltenden Polizeivorschriften —	10—50
	e) Erlaubnis zum Vertrieb von giftigen Pflanzenschutzmitteln — § 2 der Polizeiverordnung vom 14. August 1924 über den Vertrieb von giftigen Pflanzenschutzmitteln durch Vertriebsstellen des amtlichen Pflanzenschutzes und landwirtschaftliche Körperschaften (Volkswohlfahrt S. 328) — . . .	10—50
	f) Erlaubnisschein zum Erwerbe von giftigen Pflanzenschutzmitteln — § 9 der unter e) genannten Impfung und Sanierung an den Grenzübergängen. Polizeiverordnung —	0,50
4	**Grenzüberwachung**: — Ärztliche Untersuchung,	
	a) für eine Untersuchung auf dem Bahnhof . . .	1
	b) für eine Untersuchung im Zuge	1
	c) für eine Untersuchung in der Wohnung des Arztes	1
	d) für eine Untersuchung außerhalb der Wohnung des Arztes	1

Lfd. Nr.	Gebührenpflichtige Amtshandlung	Gebühr Goldmark
	e) für eine Pockenschutzimpfung	1
	f) für eine Sanierung (Entlausung)	3
	Für das 1. und 2. Familienmitglied sind die vollen Gebührensätze zu entrichten, für alle weiteren Familienmitglieder die halben Gebührensätze — § 24 [3] des Gesetzes, betreffend die Bekämpfung gemeingefährlicher Krankheiten vom 30. Juni 1900 (Reichs-Gesetzbl. S. 306) —.	
5	**Hafen- und Schiffsüberwachung:**	
	Die Höhe der Gebühren für den gesundheitlichen Hafen und Schiffsüberwachungsdienst gemäß § 1 der Vorschriften des Bundesrats über die gesundheitliche Behandlung der Seeschiffe in den deutschen Häfen vom 29. August 1907 (Reichs-Gesetzbl. S. 563) und den ergänzenden Bestimmungen des Reichsrats vom 5./24. Februar 1920 (Reichs-Gesetzbl. S. 281) wird ebenso wie die Höhe der Gebühren, die für die gesundheitlichen Überwachungen und Untersuchungen auf Grund des § 2 der vorbezeichneten Bestimmungen in Ansatz kommen, in einer Gebührenordnung des örtlich zuständigen Regierungspräsidenten festgesetzt.	
6	**Hebammenwesen:**	
	a) Hebammenprüfungszeugnis *) — § 23 der Vorschriften über die Ausbildung, staatliche Prüfung und Fortbildung der Hebammen. Anlage E der Ausführungsbestimmungen vom 23. März 1923 zu dem Gesetz über das Hebammenwesen vom 20. Juli 1922 (MinBl. Volkswohlfahrt 1923 S. 187)	3
	b) Zulassung zur Prüfung ohne Ausbildung an einer preußischen Hebammenlehranstalt — § 9 der Vorschriften zu 6 a —	5
	c) Anerkennung als Hebamme *) ohne Ablegung der	

*) Bei Reichsausländern wird das Fünffache der Sätze erhoben. Die einfachen Sätze gelten jedoch bei Deutschösterreichern, die einen entsprechenden

Lfd. Nr.	Gebührenpflichtige Amtshandlung	Gebühr Goldmark
	vorgeschriebenen Prüfung — § 24 der Vorschriften zu 6 a)	9
7	**Homöopathen**: Genehmigung zum Selbstdispensieren der nach homöopathischen Grundsätzen zubereiteten Arzneien — § 2 des Reglements über die Befugnis der approbierten Medizinalpersonen zum Selbstdispensieren der nach homöopathischen Grundsätzen bereiteten Arzneien vom 20. Juni 1843 (Gesetzsamml. S. 305) —	10
8	**Kleinkinderpflegerin**: — Siehe Ziffer 18.	
9	**Krankenpflegeschulen**: — Anerkennung — § 2 der Vorschriften über die staatliche Prüfung von Krankenpflegepersonen vom 19. Juli 1921 (MinBl. Volkswohlfahrt S. 394) —	20
10	**Krankenpflegepersonal**: — Anerkennung *).	
	a) nach Ablegung der vorgeschriebenen Prüfung — § 18 der Vorschriften zu 9 —	3
	b) ohne Ablegung der vorgeschriebenen Prüfung — § 20 der Vorschriften zu 9 —	9
11	**Massageschulen**: — Anerkennung — § 1 der Vorschriften über die staatliche Prüfung von Massören (Massörinnen) vom 10. Juli 1923 (MinBl. Volkswohlfahrt S. 394) —	20
12	**Massör(in)**: — Anerkennung*).	
	a) nach Ablegung der vorgeschriebenen Prüfung — § 15 der Vorschriften zu 11 —	3
	b) ohne Ablegung der vorgeschriebenen Prüfung — § 16 der Vorschriften zu 11 —	9

Ausweis über ihre Staatsangehörigkeit beibringen, und bei Angehörigen der vom Deutschen Reiche abgetrennten Gebiete mit deutscher Abstammung und deutscher Muttersprache.

*) Bei Reichsausländern wird das Fünffache der Sätze erhoben. Die einfachen Sätze gelten jedoch bei Deutschösterreichern, die einen entsprechenden Ausweis über ihre Staatsangehörigkeit beibringen, und bei Angehörigen der vom Deutschen Reiche abgetrennten Gebiete mit deutscher Abstammung und deutscher Muttersprache.

Lfd. Nr.	Gebührenpflichtige Amtshandlung	Gebühr Goldmark
13	**Opium:**	
	— Erlaubnis gemäß § 2 des Gesetzes vom 30. Dezember 1920/21. März 1924 zur Ausführung des internationalen Opiumabkommens vom 23. Januar 1912 (Reichs-Gesetzbl. 1921 S. 2, 1924 I S. 290)	3 300
14	**Praktisches Jahr der Mediziner:** — Zulassung *) — Prüfungsordnung für Ärzte —	5
15	**Privat-Kranken-, Privat-Entbindungs-, Privat-Irrenanstalten:**	
	a) Ausstellung von Urkunden über die Konzession für Unternehmer — § 30 der Reichsgewerbeordnung —	20 500
	b) Fristverlängerungen und Fristungen — § 49 a. a. O. — ein Viertel des Satzes zu a); mindestens	5
	Befreit sind Unternehmer von Privat-Kranken-, Privat-Entbindungs- und Privat-Irrenanstalten, welche zu gemeinnützigen Zwecken dienen.	
16	**Prüfungen im Gebiete der Medizinalverwaltung:** (vgl. die entsprechenden Prüfungsordnungen).	
	Vorbemerkung: Bei Reichsausländern wird, soweit nicht unter 16 b und c besondere Gebühren für sie festgesetzt sind, das Fünffache der Sätze erhoben. Die einfachen Sätze gelten jedoch in allen Fällen bei Deutsch-Österreichern, die einen entsprechenden Ausweis über ihre Staatsangehörigkeit beibringen, und bei Angehörigen der vom Deutschen Reich abgetretenen Gebiete mit deutscher Abstammung und deutscher Muttersprache.	
	a) Zulassung zu den einzelnen Prüfungen im Gebiete der Medizinalverwaltung durch den Minister sonst	2
	Die Gebühr ist auch zu erheben, wenn die Zu-	3

*) Bei Reichsausländern wird das Fünffache der Sätze erhoben. Die einfachen Sätze gelten jedoch bei Deutschösterreichern, die einen entsprechenden Ausweis über ihre Staatsangehörigkeit beibringen, und bei Angehörigen der vom Deutschen Reiche abgetrennten Gebiete mit deutscher Abstammung und deutscher Muttersprache.

Lfd. Nr.	Gebührenpflichtige Amtshandlung	Gebühr Goldmark
	lassung nicht durch eine schriftliche Mitteilung an den Prüfling, sondern nur durch Aktenvermerk usw. genehmigt wird.	
	b) Zulassung von Reichsausländern:	
	1. zur ärztlichen, zahnärztlichen und nahrungsmittel-chemischen Vorprüfung	5
	2. zur pharmazeutischen Vorprüfung	40
	3. zur ärztlichen, zahnärztlichen, pharmazeutischen und nahrungsmittel-chemischen Prüfung . .	10
	4. zur Prüfung der Zahntechniker	80
	c) Zeugnisse und Bescheinigungen über bestandene Prüfungen der unter 16a und b bezeichneten Art	
	1. durch den Minister	3
	2. sonst	2
	Bei Reichsausländern	
	1. durch den Minister	30
	2. sonst	15
	d) Zeugnisse über die pharmazeutische Prüfung . .	5
	e) Prüfungsausweise der Nahrungsmittelchemiker .	10
	f) Prüfungsausweise der Zahntechniker	15
	g) Befähigungszeugnisse zur Verwaltung von Kreisarztstellen	10
17	**Säuglingspflegeschulen**:	
	— Anerkennung —. § 1 der Vorschriften über die staatliche Prüfung von Säuglings- und Kleinkinderpflegerinnen vom 20. Februar 1923 (MinBl. Volkswohlfahrt S. 150) —	20
18	**Säuglings- und Kleinkinderpflegerin**: — Anerkennung.	
	a) nach Ablegung der vorgeschriebenen Prüfung — § 16 der Vorschriften zu 17 —	3
	b) ohne Ablegung der vorgeschriebenen Prüfung — § 17 der Vorschriften zu 17 —	9
19	**Schiffsüberwachung**: — Siehe Ziffer 5.	
20	**Technische Assistentinnen, Lehranstalten**:	
	— Anerkennung. — § 2 der Vorschriften über	

Lfd. Nr.	Gebührenpflichtige Amtshandlung	Gebühr Goldmark
	die staatliche Prüfung von Technischen Assistentinnen an medizinischen Instituten vom 26. August 1921 (MinBl. Volkswohlfahrt S. 424)	20
21	**Technische Assistentinnen:** — Anerkennung *)	
	a) nach Ablegung der vorgeschriebenen Prüfung — § 18 der Vorschriften zu 20 —	3
	b) ohne Ablegung der vorgeschriebenen Prüfung — §§ 19 und 21 der Vorschriften zu 20 — . . .	9

Anm. [1]) Die Ablehnung von Bewerbungen um die Verleihung einer Apothekenkonzession, bzw. die Mitteilung an den Bewerber um eine Apothekenkonzession, daß seinem Bewerbungsgesuche nicht stattgegeben werden konnte, unterliegt keiner Gebühr (trotz der Bestimmung in § 10 Abs. 1 aVGO.). Denn neben der Konzessionsverleihung kann der Ablehnung der anderen Bewerbungen nicht die Bedeutung einer selbständigen Amtshandlung, die mit einer besonderen Gebühr belegt werden könnte, beigemessen werden. Die Ausschreibung der Konzession und ihre Verleihung ist ein einheitliches Verfahren, zu dessen Abwicklung auch die Bescheidung der unberücksichtigt gebliebenen Bewerber gehört. (E. des M. f. V. vom 8. 11. 1924/I. M. II. 2677; FM. vom 20. 10. 24/II. C. 2592 — VMBl. S. 450.)

[2]) T. Nr. 3c—f ist durch V. vom 10. 11. 1924 eingefügt worden (VMBl. S. 450).

[3]) Wird die Erteilung eines Erlaubnisscheines deswegen notwendig, weil z. B. das Legen von Gift zur Vertilgung von Ratten auf allgemeine polizeiliche Anordnung hin erfolgen soll, wird anzunehmen sein, daß ein überwiegendes öffentliches Interesse vorliegt, und daher gemäß § 1 dieser GO. in Verbindung mit § 2 Ziff. 1 aVGO. der Erlaubnisschein gebührenfrei zu erteilen sein.

15. Verwaltungsgebührenordnung in Angelegenheiten der Wohnungszwangsbewirtschaftung. [1])

Vom 8. August 1924.

(VMBl. S. 315.)

Auf Grund des § 4 Abs. 1 des Gesetzes über staatliche Verwaltungsgebühren vom 29. September 1923 (Gesetzsamml. S. 455) wird im Einverständnis mit dem Finanzminister folgendes angeordnet:

*) Bei Reichsausländern wird das Fünffache der Sätze erhoben. Die einfachen Sätze gelten jedoch bei Deutschösterreichern, die einen entsprechenden Ausweis über ihre Staatsangehörigkeit beibringen, und bei Angehörigen der vom Deutschen Reiche abgetrennten Gebiete mit deutscher Abstammung und deutscher Muttersprache.

§ 1

Für Amtshandlungen in Ausführung des Reichsmietengesetzes vom 24. März 1922 — Reichsgesetzbl. S. 273 —, des Gesetzes über Mieterschutz und Mieteinigungsämter vom 1. Juni 1923 — Reichsgesetzbl. S. 353 — und des Wohnungsmangelgesetzes vom 26. Juli 1923 — Reichsgesetzbl. S. 751 —, die von Gemeindebehörden auf Veranlassung und im Interesse der Beteiligten vorgenommen werden, sind Verwaltungsgebühren zu erheben.

§ 2

Als Amtshandlungen im Sinne des § 1 sind insbesondere anzusehen:

a) schriftliche Auskunft in Wohnungs- und Mietangelegenheiten,
b) Erteilung des Wohnberechtigungsscheines,
c) Eintragung in die Wohnungsliste,
d) Zuweisung von leeren Räumen und Wohnungen,
e) Zuweisung von möblierten Räumen und Wohnungen,
f) Genehmigung eines Mietvertrages,
g) Genehmigung eines Wohnungstausches,
h) Genehmigung zur Zusammenlegung mehrerer Wohnungen,
i) Freigabe bisher vermietet gewesenen Raumes an den Vermieter,
k) Genehmigung zur anderweiten Benutzung von Wohnräumen,
l) Genehmigung zum Abbruch von Gebäuden oder Gebäudeteilen.

§ 3

Es werden an Gebühren erhoben: für Amtshandlungen der im § 2 unter d bis i angegebenen Art höchstens 4 v. Tausend der jährlichen Friedensmiete der betreffenden Wohnung, mindestens 1 Goldmark, im übrigen 1 bis 100 Goldmark.

§ 4

Die Gebührenordnung tritt mit dem Tage der Veröffentlichung im Ministerialblatt „Volkswohlfahrt" in Kraft.

Anm. [1]) Hierzu E. des M. f. V. vom 8. 8. 1924 (VMBl. S. 315):

. . . .

Für die Bemessung der Gebühr im Einzelfalle innerhalb des im § 3 gesetzten Rahmens gilt § 11 aVGO. in Verbindung mit Ziff. 7 letzter Satz der AA. hierzu. Danach sind Richtlinien für die Entscheidung über die Gebührenhöhe innerhalb des gesetzten Rahmens aufzustellen, wofür die bisherigen Gebührenordnungen der betreffenden Gemeinden als Anhalt dienen können.

16. Berggebührenordnung.
Vom 24. Oktober 1924.
(HMBl. S. 261.)

Auf Grund des § 4 Abs. 1 des Gesetzes über staatliche Verwaltungsgebühren vom 29. September 1923 (GS. S. 455) wird im Einverständnis mit dem Finanzminister folgendes verordnet:

§ 1

Die Erhebung von Gebühren im Geschäftsbereiche der Berghoheitsverwaltung erfolgt nach der allgemeinen Verwaltungsgebührenordnung vom 29. Dezember 1923 (GS. 1924 S. 1) und den hierzu ergangenen Ausführungsbestimmungen, soweit nicht nachfolgend besondere Bestimmungen über die Gebührenerhebung oder die Gebührenfreiheit getroffen sind.

§ 2

Für die Höhe der besonderen Gebühren ist der anliegende Tarif maßgebend.

Die Sätze des Tarifs gelten auch dann, wenn die in ihnen angeführten Vorschriften des Allgemeinen Berggesetzes für die Preußischen Staaten (ABG.) nur infolge der in einem anderen Gesetze (Verordnung) enthaltenen Verweisung angewendet werden.

§ 3

Bei Amtshandlungen, die überwiegend im öffentlichen Interesse erfolgen und daher gebührenfrei sind, kann von einer Erstattung barer Auslagen abgesehen werden, es sei denn, daß die Auslagen lediglich durch besondere Wünsche der Antragsteller veranlaßt worden sind. In diesem Falle sollen die Antragsteller vorher auf die Verpflichtung zur Kostenerstattung hingewiesen werden.

§ 4

In den im Tarife geregelten Fällen ist ein Stempel nicht zu erheben.

§ 5

Diese Verordnung tritt am 1. November 1924 in Kraft.

Damit verlieren für die im Tarife geregelten Fälle die früheren, nicht auf Grund des Gesetzes über staatliche Verwaltungsgebühren ergangenen Verordnungen, Ausführungsbestimmungen oder Erlasse über die Erhebung von Verwaltungsgebühren ihre Gültigkeit.

Gebührentarif.

Lfd. Nr.	Gebührenpflichtige Amtshandlung	Gebühr Goldmark
1	**Abbauzeugnisse.** Zeugnis über vollständigen Abbau eines Kohlenfeldes oder des Feldes einer Salzabbau-Gerechtigkeit (§ 8 Abs. 2 des Gesetzes vom 22. Februar 1869 — GS. S. 401 — und § 9 Abs. 2 des Gesetzes vom 4. August 1904 — GS. S. 235 —)	10
2	**Anlagen,** gewerbliche (s. auch Betriebsanlagen, bergbauliche). Ausstellung von Urkunden über	
	a) Genehmigungen von gewerblichen Anlagen, genehmigungspflichtigen Triebwerken und Dampfkesseln (GewO. §§ 16 ff., § 24; ABG. § 59)	$^{1}/_{10}$ v. H. der Kosten der Anlage,
	mindestens	10
	b) Veränderungen (GewO. § 25)	die Hälfte des Satzes zu a,
	mindestens	5
	c) Fristverlängerungen und Fristungen (GewO. § 49)	$^{1}/_{4}$ des Satzes zu a,
	mindestens	5
	d) Gebührenfrei sind weitere Genehmigungsurkunden für amtliche Stellen.	
	Zu 2: Die Gebühr wird neben der für das Beschlußverfahren von den Genehmigungsbehörden erhoben. In den Fällen, in denen eine Prüfung des Bauentwurfes durch eine preußische staatliche Prüfungsstelle für statische Berechnungen stattfindet, sind Gebühren nach der Gebührenordnung für diese Prüfungsstelle zu erheben und gegebenenfalls als bare Auslagen einzuziehen.	
3	**Arbeiterschutz.**	
	a) Genehmigung von Ausnahmen von den Arbeiterschutzvorschriften der GewO. und des ABG. (GewO. § 105c Abs. 4, § 105e Abs. 1, § 105f,	

Lfd. Nr.	Gebührenpflichtige Amtshandlung	Gebühr Goldmark
	115a, 138a Abs. 1, 2, 5, § 139 Abs. 1, 2, § 139a; ABG. § 197 Abs. 1).	
	b) Genehmigung	
	1. von Überarbeit (VO. vom 21. Dezember 1923 — RGBl. I S. 1249 — § 6),	
	2. von Ausnahmen von den Beschäftigungsbeschränkungen gewerblicher Arbeiter und der Angestellten gemäß Ziffer VII Abs. 3 der Anordnung über die Regelung der Arbeitszeit gewerblicher Arbeiter vom 23. November/17. Dezember 1918 — RGBl. S. 1334/1436 — und § 10 der VO. über die Arbeitszeit der Angestellten vom 18. März 1919 — RGBl. S. 315 — (§ 14 a. a. O.).	
	Zu a und b: durch den Revierbeamten . . .	1—100
	durch das Oberbergamt	2—200
	durch den Handelsminister . . .	3—300
4	**Arbeitsordnung.**	
	Befreiung (ganz oder teilweise) vom Erlaß einer Arbeitsordnung (ABG. § 80a Abs. 5)	10
5	**Aufsichtsrat** s. Berggewerkschaften.	
6	**Ausländer** s. Bergwerksbetrieb.	
7	**Ausnahmebewilligungen** s. Arbeiterschutz und bergpolizeiliche Genehmigungen usw.	
8	**Austausch von Feldesteilen** s. Feldesteilung.	
9	**Azetylen** (gelöstes Azetylen s. Gase, verflüssigte und verdichtete).	
	Zulassung von Ausnahmen von den Vorschriften über die Herstellung, Aufbewahrung und Verwendung von Azetylen sowie über die Lagerung von Kalziumkarbid	
	1. in einzelnen Fällen	2—200
	2. allgemeiner Art	6—600
10	**Berggewerkschaften.**	
	a) Bestätigung des Statuts (statutarischen Beschlusses) einer Gewerkschaft (ABG. § 94 Abs. 2) . . .	10—100

Lfd. Nr.	Gebührenpflichtige Amtshandlung	Gebühr Goldmark
	b) Bestätigung eines statutarischen Nachtrages (ABG. a. a. O.)	5—50
	c) Bestätigung der Mobilisierung von unbeweglichen Bergwerksanteilen (ABG. § 235b Abs. 1, § 235e)	10—100
	d) Genehmigung einer besonderen Kuxzahl (ABG. § 235a Abs. 2)	100
	e) Aushangsbescheinigungen über Gewerkenladungen (ABG. § 112 Abs. 3, 4)	3
	f) Berufung einer Gewerkenversammlung (ABG. § 122 Abs. 3, 4, § 128l Abs. 1)	10
	g) Leitung einer Gewerkenversammlung durch die Bergbehörde	50
	h) Aufforderung der Gewerkschaft zur Bestellung eines Repräsentanten oder Grubenvorstandes (ABG. § 127 Abs. 1)	20
	i) Bestellung eines Repräsentanten und Festsetzung seiner Vergütung (ABG. § 127 Abs. 2) . .	50
	k) Befreiung von der Verpflichtung zur Bestellung eines Aufsichtsrats (ABG. § 128c)	20—100
	l) Bestellung des Aufsichtsrats und Festsetzung seiner Vergütung (ABG. § 128l Abs. 2, 3)	100
	Zu h und i: Dieselben Sätze gelten auch für sonstige Fälle, in denen die Bergbehörde für die Bestellung eines Repräsentanten zu sorgen hat (vgl. insbesondere ABG. §§ 134, 211c, 214d, 226, 240; Ges. vom 8. Mai 1867 — GS. S. 601 — Art. XV § 6; Ges. vom 22. Februar 1869 — GS. S. 401 — § 10; Ges. vom 14. Juli 1895 — GS. S. 295 — § 2; Ges. vom 6. Juni 1904 — GS. S. 105 — § 2).	
11	**Bergwerksbetrieb juristischer Personen.** (Ges. vom 23. Juni 1909 — GS. S. 619 —).	
	a) Erteilung der Genehmigung zum Erwerb oder Betriebe von Bergwerkseigentum in den Fällen der §§ 1, 3 a. a. O., sofern es sich nicht um eine	

Lfd. Nr.	Gebührenpflichtige Amtshandlung	Gebühr Goldmark
	im § 2 a. a. O. bezeichnete Gewerkschaft handelt	$^1/_{10}$ v. H. des Wertes des Bergwerkseigentums usw.,
	mindestens	300
	b) Erteilung der Genehmigung zum Erwerbe von Grundstücken, Bergwerkseigentum usw., oder zum Betrieb in den Fällen der §§ 2, 3 a. a. O. für die im § 2 a. a. O. bezeichneten Gewerkschaften	$^1/_{10}$ v. H. des Wertes der Grundstücke usw.,
	mindestens	25
12	**Bergwerkseigentum** s. Verleihung.	
13	**Bergwerksfelder, Zulegung** s. Feldesteilung.	
14	**Bergpolizeiliche Genehmigungen und Ausnahmebewilligungen**, in den Bergpolizeiverordnungen vorgesehene.	
	Soweit dieser Tarif keine Sondervorschriften enthält,	
	a) bei Zuständigkeit des Revierbeamten	1—100
	b) bei Zuständigkeit des Oberbergamts	2—200
	für bloße Fristverlängerungen die Hälfte der Gebührensätze zu a und b.	
15	**Betriebsanlagen**, bergbauliche.	
	Betriebsplanmäßige Prüfung und Genehmigung	
	a) maschineller Förderung (Lokomotiv-, Seilförderung und dgl.) unter oder über Tage sowie in Tagebauen, die Gebührensätze der laufenden Nr. 2 (gewerbliche Anlagen).	
	b) maschineller Personenbeförderung	2—100
	c) zur Herstellung und zum Betriebe sowie zu wesentlichen Erweiterungen oder sonstigen wesentlichen Änderungen von Grubenbahnen und Grubenanschlußbahnen sowie von Drahtseilbahnen .	$^2/_{10}$ v. H. der Kosten der Anlage oder der Erweiterung oder Änderung der Anlage,
	mindestens	30

Lfd. Nr.	Gebührenpflichtige Amtshandlung	Gebühr Goldmark
	d) von Brikettfabriken, Teerschwelereien, elektrischen Anlagen,	
	e) von sonstigen dem Bergbau dienenden Betriebsanlagen.	
	Zu d und e: Die Gebührensätze der laufenden Nr. 2 (gewerbliche Anlagen).	
	Zu 15: Als Genehmigung gilt die Amtshandlung, durch welche die Ausführung der Anlage möglich wird, z. B. also die Mitteilung, daß Einspruch gemäß § 68 Abs. 1 ABG. nicht erhoben oder daß der Einspruch — gegebenenfalls unter bestimmten Voraussetzungen — zurückgenommen werde. Durch die Gebühr wird auch eine behördliche Abnahme der fertiggestellten Anlage mit abgegolten.	
	Wird der Einspruch aufrechterhalten, so gelten für die Entscheidung des Oberbergamts gemäß § 68 Abs. 3 ABG. die Gebührensätze zu a bis e; ergeht eine solche Entscheidung nicht, so ermäßigen sich diese Sätze auf die Hälfte.	
16	**Brikettfabriken** s. Betriebsanlagen.	
17	**Dampffässer.**	
	Gewährung von Ausnahmen von den Vorschriften über die Einrichtung und den Betrieb von Dampffässern (Normalentw. Dampffaß-VO. vom 5. März 1913 — HMBl. S. 143 — § 25)	
	a) für einzelne Dampfdruckgefäße	2—200
	b) für ganze Gattungen von Dampfdruckgefäßen .	6—600
18	**Dampfkessel** (s. a. gewerbliche Anlagen).	
	Bewilligung von Ausnahmen von den allgemeinen polizeilichen Vorschriften (Bek. vom 17. Dezember 1908 — RGBl. 1909 S. 3 — § 20 Abs. 2)	
	a) in einzelnen Fällen	3—300
	b) für einzelne Kesselarten	6—600
19	**Drahtseilbahnen** s. Betriebsanlagen.	
20	**Elektrische Anlagen** s. Betriebsanlagen.	

Lfd. Nr.	Gebührenpflichtige Amtshandlung	Gebühr Goldmark
	Enteignung, Zwangsgrundabtretung.	
	a) Verleihung des Enteignungsrechts durch das Staatsministerium (Ges. vom 11. Juni 1874 — GS. S. 221 — § 2):	
	1. Entziehung des Grundeigentums	
	aa) unter Bezeichnung der zu enteignenden Grundstücke	1/20 v. H. des Wertes des zu enteignenden Grundstücks,
	mindestens	50
	bb) ohne Bezeichnung des zu enteignenden Grundstücks (allgemeine Verleihung) . .	50—5000
	2. Beschränkung des Grundeigentums	50—500
	b) Anordnung des vereinfachten Enteignungsverfahrens (Ges. vom 26. Juli 1922 — GS. S. 211 — § 1 Abs. 1)	2—200
	c) Anordnung vorübergehender Beschränkungen, Ermächtigung zur Vornahme von vorbereitenden Handlungen (Ges. vom 11. Juni 1874 — GS. S. 221 — §§ 4, 5)	20—500
	d) für die Beschlüsse der Enteignungsbehörden im Verfahren auf Grund des Allgemeinen Berggesetzes oder der Gesetze vom 11. Juni 1874 und 26. Juli 1922 gelten die für das Beschlußverfahren vorgeschriebenen Gebühren.	
22	**Feldesteilung** und dgl.	
	Bestätigung der realen Teilung von Grubenfeldern, des Austausches oder der Zulegung von Feldesteilen, einschließlich der Ausfertigung der Bestätigungs- (Berechtigungs-)Urkunden und der Beglaubigung der Risse (ABG. § 51, Ges. vom 22. Juli 1922 — GS. S. 203 — §§ 2, 8)	300
	Bei geringerem Werte der den Gegenstand der Teilung, des Austausches oder der Zulegung bildenden Feldesteile kann der Gebührensatz bis auf 30 Goldmark ermäßigt werden.	

Lfd. Nr.	Gebührenpflichtige Amtshandlung	Gebühr Goldmark
23	**Förderungen, maschinelle** s. Betriebsanlagen.	
24	**Gase, verflüssigte und verdichtete.**	
	Gewährung von Ausnahmen von den Vorschriften über den Verkehr mit verflüssigten und verdichteten Gasen (Normalentw. vom 2. Juli 1914 — HMBl. S. 402 — § 13)	
	a) in einzelnen Fällen	2—200
	b) allgemeiner Art	6—600
25	**Genehmigungen,** bergpolizeiliche s. **Bergpolizeiliche** Genehmigungen.	
26	**Gewerkenladungen, Gewerkenversammlung, Gewerkschaftsstatut** u. ä. s. Berggewerkschaften.	
27	**Gewerkschaftsfähigkeit** s. Kalibergwerke.	
28	**Gewinnung, gemeinschaftliche, von Mineralien.**	
	Entscheidung des Oberbergamts über die Notwendigkeit der gemeinschaftlichen Gewinnung von Mineralien (ABG. §§ 55, 56), sofern die Entscheidung nicht in einem unter lfd. Nr. 57 c fallenden Beschlusse getroffen wird	50
29	**Gestreckte Felder,** s. Umwandlung	
30	**Grubenbahnen, Grubenanschlußbahnen,** s. Betriebsanlagen.	
31	**Grubenbild.**	
	Gestattung der Einsicht (ABG. § 72 Abs. 4, § 3a Abs. 2, § 21)	10—100
32	**Grubenvorstand,** s. Berggewerkschaften.	
33	**Grunderwerb,** s. Bergwerksbetrieb.	
34	**Hilfsbau.**	
	Entscheidung über die Verpflichtung zur Gestattung eines Hilfsbaues (ABG. § 61)	20—200
35	**Kalibergwerke in Hannover.**	
	Verleihung der Gewerkschaftsfähigkeit (Ges. vom 30. Mai 1917 — GS. S. 71 — § 2)	100
36	**Kalziumkarbid** s. Azetylen.	
37	**Konsolidation** u. dergl.	
	a) Bestätigung der Konsolidation von Bergwerken	

Lfd. Nr.	Gebührenpflichtige Amtshandlungen	Gebühr Goldmark
	oder der Vereinigung von Steinkohlenfeldern im Oberbergamtsbezirke Dortmund einschließlich der Ausfertigung der Bestätigungs- (Vereinigungs-) Urkunden und der Beglaubigung der Risse (ABG. § 49, Ges. vom 22. April 1922 — GS. S. 93 — §§ 2, 10)	500
	Bei geringerem Werte der vereinigten Bergwerksfelder kann der Gebührensatz bis auf 50 Goldmark ermäßigt werden.	
	b) Vereinigung eines gestreckten Feldes mit dem es umschließenden Geviertfelde (ABG. § 219) .	100
38	**Markscheider.**	
	Ausfertigung der Konzessionsurkunde	50
39	**Mineralöle.**	
	a) Erlaubnis zur Lagerung von Mineralölen	
	1. durch den Revierbeamten (Normalentw. vom 28. August 1902 — HMBl. S. 336 — §§ 6, 11 Abs. II, § 13)	10—20
	2. durch das Oberbergamt (§§ 7, 11 Abs. III, § 12 Abs. III, § 13 a. a. O.)	50—200
	b) Genehmigung von Ausnahmen von den Vorschriften über den Verkehr mit Mineralölen (§ 17 a. a. O.)	50—200
40	**Mobilisierung** von Kuxen s. Berggewerkschaften.	
41	**Mutungswesen** s. Verleihung.	
42	**Mutungsübersichtskarte, Situationsrisse.**	
	Gestattung der Einsicht (ABG. § 20 Abs. 2, § 37)	1
43	**Öffentliche Verkehrsanstalten.**	
	Beschluß des Oberbergamts über den Schadensersatzanspruch des Bergbautreibenden gegenüber dem Unternehmer der öffentlichen Verkehrsanstalt (ABG. § 154 Abs. 2)	1 v. H. des vom Oberbergamte festgestellten Betrages,
	mindestens	20

Lfd. Nr.	Gebührenpflichtige Amtshandlung	Gebühr Goldmark
44	**Phosphorhaltige Mineralien und Gesteine.**	
	a) Erteilung von Befugnissen gemäß § 1 des Gesetzes vom 9. Januar 1923 — GS. S. 13 —	50—500
	b) Ernennung der Schiedsgerichtsmitglieder (§ 2 Abs. 2 a. a. O.)	30
	c) Entscheidungen des Oberbergamts über Streitigkeiten der Beteiligten einschließlich Besitzeinweisung (§ 3 Abs. 1 a. a. O.)	20—200
	d) Vorläufige Anordnungen gemäß § 3 Abs. 3 a. a. O.	10—100
45	**Realteilung** s. Feldesteilung.	
46	**Repräsentant** s. Berggewerkschaften.	
47	**Schürfangelegenheiten.**	
	a) Ermächtigung zum Schürfen nach den gemäß ABG. § 2 Abs. 1 und § 2a dem Staate vorbehaltenen Mineralien (ABG. § 3) und Genehmigung von Schürfverträgen gemäß ABG. § 2 Abs. 4, § 2a	50—500
	b) Ermächtigung zu Schürf- oder Versuchsarbeiten auf fremden Grundstücken (ABG. § 8 Abs. 1, § 21)	20—200
	c) Festsetzung von Entschädigungen und Kautionen (ABG. § 8 Abs. 3, § 10 Abs. 4, § 21) . .	1/10 v. H. des vom Oberbergamte festgesetzten Betrages,
	mindestens	20
48	**Seilfahrt.**	
	a) Genehmigung der Seilfahrt für	
	1. zu Tage ausgehende Schächte und ihnen gleichstehende Blindschächte	10—200
	2. Stapelschächte	5—100
	3. Nebenförderungen (in Hauptschächten) . .	3—50
	b) Genehmigung von Änderungen und Erweiterungen der Seilfahrt die Hälfte der Sätze unter a.	
49	**Situationsrisse,** Einsicht s. Mutungsübersichtskarte.	

Lfd. Nr.	Gebührenpflichtige Amtshandlung	Gebühr Goldmark
50	**Sprengstoffe.**	
	a) Genehmigung (Sprengstofferlaubnisschein) zum Besitze von Sprengstoffen (Ges. v. 9. Juni 1884 — RGBl. S. 61 — § 1, PolVO. v. 15. Juli 1924 — HMBl. S. 201 — §§ 1, 5) . . .	10—50
	b) Ausstellung neuer Erlaubnisscheine an Stelle von verlorenen (PolVO. v. 15. Juli 1924 — HMBl. S. 201 — § 7)	30
	c) Genehmigung zur Errichtung von Sprengstofflagern	
	1. auf Bergwerken unter und über Tage . . .	10—200
	2. an besonderen Stellen für Versuchszwecke (PolVO. v. 14. September 1905 — HMBl. S. 282 — § 34)	50
	d) Aufnahme in die Liste der Bergbausprengstoffe (PolVO. v. 25. Januar 1923 über den Vertrieb von Sprengstoffen an den Bergbau — HMBl. S. 69 — § 2)	6—600
	Gebührenfrei bleibt die Zulassung fester Sprengstoffe durch die Oberbergämter zur Verwendung in den der Aufsicht der Bergbehörden unterstehenden Betrieben.	
	e) Genehmigung von Ausnahmen gemäß § 26 der PolVO. v. 25. Januar 1923	6—600
	f) Zulassung von Zündmitteln durch die Oberbergämter	3—300
	g) Zulassung von Sprengstoffen zum Schießen mit flüssiger Luft durch die Oberbergämter . . .	3—100
51	**Teerschwelereien** s. Betriebsanlagen.	
52	**Triebwerke,** genehmigungspflichtige s. Anlagen.	
53	**Umwandlung von gestreckten Feldern.**	
	Für Anträge auf Umwandlung gestreckter Felder in Geviertfelder (ABG. §§ 215 ff.) gelten die Tarifsätze der lfd. Nrn. 42 und 57 entsprechend.	
54	**Umwandlung von Gewerkschaften alten Rechts** s. Berggewerkschaften.	

Lfd. Nr.	Gebührenpflichtige Amtshandlung	Gebühr Goldmark
55	**Vereinigung von Bergwerksfeldern** s. Konsolidation.	
56	**Verkehrsanstalten s. öffentliche** Verkehrsanstalten.	
57	**Verleihung von Bergwerkseigentum.**	
	a) Präsentation der Mutung (ABG. § 13 Abs. 2)	5
	b) Zurückweisung (Löschung) der Mutung durch den Revierbeamten (ABG. § 14 Abs. 2, § 18 Abs. 2, 4, § 19a)	10
	c) Beschluß des Oberbergamts über Erteilung oder Versagung der Verleihung (ABG. § 31 Abs. 1)	10—100
	Zu c: Die Person des Gebührenpflichtigen bestimmt sich gemäß ABG. § 38.	
	d) Ausfertigung der Verleihungsurkunde einschließlich der Beglaubigung des Situationsrisses (ABG. §§ 30, 32 bis 34)	1000
	Bei geringerem Werte des Bergwerkseigentums kann der Gebührensatz bis auf 100 Goldmark ermäßigt werden.	
58	**Vermessung, Verlochsteinung.**	
	Leitung der amtlichen Vermessung und Verlochsteinung durch den Revierbeamten (ABG. § 39) .	20
59	**Zeugnisse** s. Abbauzeugnisse.	
60	**Zulegung von Feldesteilen** s. Feldesteilung.	
61	**Zündmittel** s. Sprengstoffe.	
62	**Zwangsgrundabtretung** s. Enteignung.	

17. Verwaltungsgebührenordnung für die Tätigkeit der Verwaltungsbehörden bei Ausführung des Grundstücksverkehrsgesetzes vom 10. Februar 1923.[1])

Vom 15. November 1924.

(BMBl. S. 460).

Auf Grund des § 4 Abs. 1 des Gesetzes über staatliche Verwaltungsgebühren vom 29. September 1923 (Gesetzsamml. S. 455) wird folgendes verordnet:

§ 1

Für die Erteilung oder Versagung der Genehmigung zu einem Rechtsgeschäft auf Grund der §§ 1 und 2 des Gesetzes über den Verkehr mit Grundstücken vom 10. Februar 1923 (Gesetzsamml. S. 25) wird eine Verwaltungsgebühr erhoben.

§ 2

Die Gebühr beträgt 2 v. T. der Gegenleistung (einschließlich des Wertes der ausbedungenen Leistungen und vorbehaltenen Nutzungen) oder des Wertes, falls eine Gegenleistung nicht in Frage kommt oder diese geringer ist als der Wert.

Die Mindestgebühr beträgt 4 Reichsmark.

§ 3

Die Verwaltungsgebührenordnung vom 22. Juni 1924 tritt mit dem Tage der Veröffentlichung dieser Gebührenordnung außer Kraft.

Anm. [1]) Diese VGO. ist an die Stelle der vom 22. 6. 1924 (BMBl. S. 278) getreten.

III.

Anhang.

Vorschriften, betr. Gebührenerhebung in Viehhandelserlaubnissachen[1]).

a) 3. Ausführungsanweisung (Gebührenordnung) des Ministers für Landwirtschaft, Domänen und Forsten (Staatskommissars für Volksernährung) und des Ministers für Handel und Gewerbe zu der Verordnung über den Verkehr mit Vieh und Fleisch vom 13. Juli 1923 (RGBl. I S. 715)[2]).

Vom 30. 1. 1924.

Die Ziffer 8 der Preuß. Ausführungsanweisung vom 6. 9. 1923 — StK. III 4536 — M. f. H. IIb 12660 — in der Fassung der 2. Ausführungsanweisung vom 30. 10. 1923 — StK. III 5373 — M. f. H. IIb 15753 — erhält folgenden Wortlaut:

1. Für die Ausstellung jeder Erlaubniskarte ist von dem Antragsteller eine Gebühr nach Maßgabe der nachstehenden Bestimmungen zu entrichten.

Die Gebühren sind Grundgebühren, die mit dem jeweiligen Goldumrechnungssatz für die Reichssteuern zu vervielfältigen sind. Maßgebend für die Berechnung ist der Goldumrechnungssatz des Zahlungstages. Die Grundgebühr beträgt 80 M. Sie kann nach Lage des Einzelfalles durch die Oberpräsidenten (Regierungspräsidenten) nach pflichtmäßigem Ermessen bis auf 10 M. ermäßigt werden. Für gewerbesteuerfrei veranlagte Betriebe, sofern eine Veranlagung zur Hausiersteuer nicht in Frage kommt, beträgt die Grundgebühr 3 M. Für jede Nebenkarte beträgt die Grundgebühr 25 v. H. der Grundgebühr für die zugehörige Hauptkarte.

2. Ist der Gewerbetreibende hinsichtlich des Viehandels usw. nur zur Hausiersteuer veranlagt, so beträgt die regelmäßige Grundgebühr 10 M.

3. Wird das Wandergewerbe in größerem Umfange (insbesondere mit Kraftwagen, Fuhrwerk oder Begleitern) ausgeübt, so hat der Oberpräsident (Regierungspräsident) die regelmäßige Grundgebühr von 10 M. nach pflichtmäßigem Ermessen entsprechend bis zum Satze von 75 M. zu erhöhen. Ist Befreiung von der Hausiersteuer eingetreten, so kann der Oberpräsident (Regierungspräsident) die Erlaubniskarte gebührenfrei ausstellen.

4. Handelt es sich um die Erteilung der Erlaubnis an Schlächter (Fleischer, Metzger) und Hersteller von Fleischwaren unter ausdrücklicher Beschränkung des Vieh- und Fleischerwerbes für ihren Gewerbebetrieb, so ist die an sich zu zahlende Gebühr um 50 v. H. zu ermäßigen.

5. Für weitere Erlaubniskarten (Anschlußkarten) ist in jedem einzelnen Falle ein Viertel der für die erste Erlaubniserteilung gezahlten Grundgebühr zu entrichten. Werden Anschlußkarten unter örtlicher Beschränkung auf einen oder einige Landkreise erteilt, so kann der Oberpräsident (Regierungspräsident) die zu zahlende Gebühr nach pflichtmäßigem Ermessen bis zum Betrage von 50 v. H. ermäßigen.

6. Die Ausstellung eines Doppels für eine in Verlust geratene Haupt- oder Nebenerlaubniskarte erfolgt nach Glaubhaftmachung des betreffenden Vorganges und nach Erlegung einer Grundgebühr von 2,50 M. in jedem einzelnen Falle.

7. Für die Ausstellung einer Erlaubniskarte nach § 2 Abs. 2 der Verordnung, bzw. Ziff. 17 Nr. 1 der Ausführungsanweisung vom 6. September 1923 ist von dem Antragsteller eine Grundgebühr von 80 M. zu erheben, die nach Lage des Einzelfalles durch die nach obiger Ziffer 17 Nr. 1 für die Entscheidung zuständige Verwaltungsbehörde nach pflichtmäßigem Ermessen bis auf 10 M. ermäßigt werden kann.

Soweit die Erlaubniserteilung von nicht staatlichen Organen kraft staatlichen Auftrags erteilt wird, sind die gleichen Gebühren zu erheben. Die Gebühren fließen in die Staatskasse, 50 v. H. in die Kasse derjenigen Stellen, deren Organ die Genehmigung erteilt hat.

8. Für erteilte, aber hinterher nicht abgenommene Erlaubniskarten ist eine Gebühr von $1/2$ der an sich fälligen Gebühr in jedem einzelnen Falle zu zahlen. Bei Zurücknahme des Antrages auf Erteilung einer Erlaubnis, mit deren sachlicher Vorbereitung bereits begonnen worden ist, wird $1/4$ bis $1/2$ der an sich zuständigen Gebühr erhoben. Bei Ablehnung eines Antrages auf Erteilung einer Erlaubniskarte ist eine Gebühr von $1/2$ der an sich fälligen Gebühr in jedem einzelnen Falle zu zahlen. Es kann Gebührenfreiheit gewährt werden, wenn der Antrag auf nicht anzurechnender Unkenntnis der Verhältnisse oder auf Unwissenheit beruht.

Für einen lediglich wegen Unzuständigkeit ablehnenden Bescheid ist eine Gebühr nicht zu erheben.

9. Gegen die vom Oberpräsidenten (Regierungspräsidenten) erfolgte Festsetzung einer Gebühr steht dem Antragsteller innerhalb einer Ausschlußfrist von 2 Wochen seit Bekanntgabe die Beschwerde an den Minister für Landwirtschaft, Domänen und Forsten — Staatskommissar für Volksernährung — zu, welcher endgültig entscheidet. Die Beschwerde ist beim Oberpräsidenten (Regierungspräsidenten) einzureichen. Die Beschwerde hat keine aufschiebende Wirkung.

Die Entscheidung über die Beschwerde ist, soweit ihr nicht durch den Vorstand der Behörde abgeholfen wird, gebührenpflichtig. Die Gebühr beträgt 30 v. H. des Wertes des Beschwerdegegenstandes.

10. Gegen die Festsetzung einer Gebühr nach Ziff. 7 steht dem Antragsteller innerhalb einer Ausschlußfrist von 2 Wochen seit Bekanntgabe die Beschwerde an den Oberpräsidenten (Regierungspräsidenten) zu, welcher endgültig entscheidet. Die Beschwerde ist bei derjenigen Verwaltungsbehörde einzureichen, welche die Gebühr festgesetzt hat. Die Beschwerde hat keine aufschiebende Wirkung.

Die Entscheidung über die Beschwerde ist, soweit ihr nicht durch den Vorstand der Behörde abgeholfen wird, gebührenpflichtig. Die Gebühr beträgt 15 v. H. des Wertes des Beschwerdegegenstandes.

11. Wird behufs Erteilung einer Erlaubnis eine übergeordnete Behörde im Instanzenzuge angegangen, so ist auch deren Entscheidung gebührenpflichtig. Die Gebühr erhöht sich für die Kollegialentscheidung um die Hälfte der Ablehnungsgebühr. Für die Entscheidung in der Ministerialinstanz beträgt die Gebühr das dreifache der Ablehnungsgebühr.

Die Gebühr für die Entscheidung der übergeordneten Behörde ist nur zu erheben, wenn und soweit im endgültigen Ergebnis die erstinstanzliche Entscheidung aufrecht erhalten wird, andernfalls ist nur die Gebühr für die von der ersten Instanz endgültig vorzunehmende Erlaubniserteilung zu erheben.

12. Werden bei der Vornahme einer Amtshandlung besondere bare Auslagen notwendig, so sind sie auch wenn die Amtshandlung gebührenfrei bleibt, von dem zu erstatten, auf dessen Veranlassung die Amtshandlung vorgenommen wird. Sie sind nach dem Tage ihrer Entstehung im Sinne der Ziffer 1 umzurechnen.

Anm. [1]) Die im folgenden behandelten VG. sind zwar nicht auf Grund des VGG. festgesetzt worden; die nachstehenden Bestimmungen des LM. und HM., die auf Grund Reichsrechts ergangen sind, schließen sich aber inhaltlich eng an die sonstigen preußischen Gebührenvorschriften, namentlich die der aVGO. an. Alle hierzu gemachten Ausführungen gelten daher auch für sie.

[2]) Zu dieser GO. ist folgender Begleiterlaß des LM. vom 30. 1. 1924/ StK. 5275 ergangen:

. . . .

Im übrigen verweise ich auf die auf Grund des Gesetzes über staatliche Verwaltungsgebühren vom 29. September 1923 (Gesetzsamml. S. 455) vom preußischen Staatsministerium erlassene allgemeine Verwaltungsgebührenordnung vom 29. Dezember 1923 (Gesetzsamml. von 1924 S. 1) und auf die zu dieser Verordnung ergangene Ausführungsanweisung (Preuß. Besoldungsbl. 1923 S. 249), insbesondere auch auf Ziff. 10, betreffend „Rechnungsvorschriften". Diese Bestimmungen finden entsprechende Anwendung, soweit nicht in der anliegendenGebührenordnung Abweichendes bestimmt ist.

b) E. des LM. vom 26. 8. 1924. (I. 37202).

Die verschiedenartigen Gebührenfestsetzungen auf Grund der Ausführungsanweisung vom 30. Januar 1924 [1]) zu der Verordnung über den Verkehr mit Vieh und Fleisch vom 13. Juli 1923 und auch mehrfache Abweichungen von dieser Gebührenordnung geben mir Veranlassung, zur Herbeiführung einer möglichst einheitlichen Gebührenfestsetzung in Ergänzung bereits in Einzelfällen erlassener Verfügungen auf Folgendes zur allgemeinen Beachtung hinzuweisen.

1. Die Ermittelung der Gebühr für den Fall der Erlaubniserteilung, für die nach Ziff. 1 der Ausführungsanweisung die Spanne 10—80 M. beträgt, erfolgt in den einzelnen Provinzen vollständig ungleichmäßig. Trotz der in meinem Runderlaß vom 12. Februar 1924 — St. K. 5409 [2]) — gegebenen Richtlinien und der Hinweise in den Einzelverfügungen werden häufig zu hohe Gebühren eingefordert. Ich ersuche, bei der Gebührenfestsetzung den vorgenannten Runderlaß sorgfältig zu beachten und weise noch besonders darauf hin, daß die Höchstgebühren von 80 M. nur bei ganz großen Geschäften mit hohem Umsatz, mehreren Aufkäufern, Fuhrwerk usw. in Frage kommt und daß nicht die Einweisung in die Gewerbesteuerklasse der Jahre 1922 und 1923, sondern in die der vorhergehenden Jahre zugrunde zu legen ist.

2. Wenn einem Antrage auf Erteilung der Viehhandelserlaubnis nur zum Teil stattgegeben wird, wenn also beispielsweise anstatt der beantragten Erlaubnis zum Handel mit sämtlichem Vieh nur die Erlaubnis zum Handel mit Kleinvieh erteilt wird, dann kann nur eine Gebühr für die erteilte Erlaubnis erhoben werden, nicht aber auch noch eine Ablehnungsgebühr für den übrigen Teil des Antrages, für den die Erlaubnis versagt wird. Ruft nun in einem solchen Falle der Antragsteller zur Erlangung der vollen Erlaubnis das Kollegium an, und erfolgt auch hier die Ablehnung des Antrages, dann ist die Gebühr für die Ablehnung auf Grund der Gebührenordnung vom 30. Januar 1924 nach einer fingierten Gebühr für die erste Instanz zu berechnen. Erfolgt in der ersten Instanz volle Ablehnung des Antrages und wird durch das Kollegium dem Antragsteller eine beschränkte Erlaubnis erteilt, dann ist sinngemäß auch in diesem Falle nur die Gebühr für die erteilte Erlaubnis zu erheben. Legt er gegen die Entscheidung des Kollegiums Beschwerde ein, dann ist bei der Weitergabe der Beschwerde zur Entscheidung in dem Begleitbericht die fingierte Gebühr für die erste Instanz anzugeben.

3. Wird in der zweiten oder dritten Instanz die Vorentscheidung aufgehoben und wird die Erlaubnis erteilt, dann sind die gezahlten Ablehnungsgebühren auf die Gebühr für die erteilte Erlaubnis in Anrechnung zu bringen. Auch wenn der Beschwerde nur zum Teil stattgegeben wird, ist ein Teil der gezahlten Ablehnungsgebühren auf die Gebühr für die erteilte Erlaubnis zu verrechnen.

4. Mehrere Dienststellen sind dazu übergegangen, bei einem Antrage auf mündliche Verhandlung vor dem Kollegium oder bei der Einlegung der Beschwerde gegen die Entscheidung des Kollegiums zur Vermeidung von Ausfällen für die Staatskasse einen Gebührenvorschuß in angemessener Höhe einzuziehen. Bedenken gegen dieses Verfahren sind nicht zu erheben und es kann dasselbe aus praktischen Erwägungen allgemeine Anwendung finden. Hingegen ist es nicht zulässig, die Weiterverfolgung der Angelegenheit von der Einzahlung des Gebührenvorschusses abhängig zu machen. Hierfür bieten die Verordnung über den Verkehr mit Vieh und Fleisch vom 13. Juli 1923 und auch die Ausführungsanweisung vom 30. Januar 1924 keine Handhabe. Es muß daher dem Verfahren Fortgang gegeben werden, auch wenn der eingeforderte Gebührenvorschuß nicht entrichtet wird.

5. Die nach wiederholter Aufforderung nicht eingehenden Ablehnungsgebühren sind im Wege des Verwaltungszwangsverfahrens einzuziehen. Beträge, deren Uneinziehbarkeit festgestellt ist, sind vom Einnahmesoll abzusetzen. Es bedarf hierzu nicht meiner Genehmigung. Ich ermächtige die Herren Oberpräsidenten (Reg.-Präsidenten), die Absetzung selbständig zu verfügen, auch wenn es sich um eine Gebühr für eine Entscheidung in der Ministerialinstanz handelt.

6. Die allgemeine Verwaltungsgebührenordnung und die hierzu erlassene Ausführungsanweisung kommen bei Berechnung der Höhe der Gebühren in Viehhandelssachen nicht in Betracht. Zu vgl. § 15 der aVGO. und Ziff. 9 der Ausführungsanweisung hierzu. Es bestehen jedoch keine Bedenken, die Bestimmung über die Herabsetzung oder den Erlaß der Gebühren im Falle nachgewiesener Bedürftigkeit bei Nichtabnahme von Erlaubniskarten sinngemäß anzuwenden.

Anm. [1]) Vorstehend unter a) abgedruckt.

[2]) In diesem Erlaß sind folgende Richtlinien aufgestellt: Für die Ermittelung der Gebühr im Einzelfalle ist der Umfang des Geschäftsbetriebes

maßgebend. Hierbei können die Vorgänge aus den Vorjahren wichtige Unterlagen bieten. In Anlehnung an die bisherigen Gewerbesteuerklassen I bis IV können die Gebühren etwa 80, 55, 25 und 10 M. betragen. Bei der Einteilung in Gewerbesteuerklassen ist davon auszugehen, daß in die Klasse I die wirklichen Großbetriebe, in die Klasse IV die Zwergbetriebe gehören, während in die Klassen II und III die Mittelbetriebe einzureihen sind. Geht aus den Unterlagen hervor, daß infolge der Geldentwertung die Einstufung in die Gewerbesteuerklassen diesem Gesichtspunkte nicht mehr gerecht wird, so darf diese Einstufung auch nicht als Unterlage für die Gebührenfestsetzung angenommen werden.

Nachtrag.

1. Erlaß des Finanzministers betr. Erhebung von Verwaltungsgebühren (II. C. 3325.) Vom 12. Dezember 1924.

(Bes. Bl. S. 387.)

Es besteht Anlaß, allen für die Erhebung von Verwaltungsgebühren zuständigen Stellen nachdrücklich zur Pflicht zu machen, die hierüber bestehenden Vorschriften genau zu beachten. Insbesondere gilt dies für die allgemeine Verwaltungsgebührenordnung nebst der Ausführungsanweisung vom 29. 12. 1923 und den Richtlinien (RL.) vom 15. 8. 1924 (sämtlich abgedruckt im Besoldungsblatt 1924, S. 289 ff.), da sie die allgemeinen Vorschriften für die Erhebung von Verwaltungsgebühren nach dem Verwaltungsgebührengesetz enthalten und grundsätzlich auf alle diese Verwaltungsgebühren anzuwenden sind. Im einzelnen weise ich noch auf folgendes hin.

1. Soweit eine staatliche Verwaltungsgebühr für eine kraft staatlichen Auftrags vorzunehmende Amtshandlung zu erheben ist, darf daneben für dieselbe Amtshandlung nicht noch eine kommunale Gebühr erhoben werden. Z. B. darf für die Ausstellung einer Gewerbelegitimationskarte nur die Gebühr der T.-Nr. 42 der GO. für die Handels- und Gewerbeverwaltung, nicht auch noch ein Zuschlag hierzu seitens der ausstellenden Kommunalbehörde erhoben werden. Die aufkommende Gebühr fließt zu je 50 v. H. in die Staatskasse und in die Kasse der Auftragstelle. (§ 1 aVGO.)

2. Die der gebührenpflichtigen Amtshandlung voraufgehende und sie vorbereitende Tätigkeit der für die Amtshandlung selbst zuständigen Behörde oder einer anderen, die für jene im Wege der Verwaltungshilfe tätig wird (z. B. ortspolizeiliche Auskünfte über die Person des Antragstellers), darf nicht mit einer besonderen Gebühr belegt werden. Die Verwaltungshilfe ist also gebührenfrei zu leisten. (Ziff. 1 *A. A.* und Ziff. 3 RL.).

Eine Teilung der Gebühr zwischen der die Hilfe in Anspruch nehmenden und der sie leistenden Behörde ist ausgeschlossen. Denn nur die von dem einzelnen letzten Endes erstrebte Amtshandlung ist der Akt, der Gegenstand der Gebührenerhebung ist; nur für diese als Endziel erstrebte Amtshandlung gilt die Teilungsvorschrift des § 2 Satz 2 VGG., bzw. des § 1 Abs. 2 aVGO.

3. Berufsorganisationen, Spitzenverbände und ähnliche Vereinigungen, die die gemeinsamen Belange eines bestimmten größeren Personenkreises oder der Allgemeinheit vertreten, deren Tätigkeit also über die Vertretung von Einzelinteressen hinausgeht und daher von allgemeiner Bedeutung ist, handeln insoweit in überwiegendem öffentlichen Interesse und sind daher von Verwaltungsgebühren für Amtshandlungen freizustellen, die diese allgemeinen Interessen betreffen. (Ziff. 11 ff. RL.)

Daher sind z. B. grundsätzlich die Verhandlungen mit Industrie- und Handelskammern gebührenfrei zu lassen. Wenn von diesen allgemeine Anregungen ausgehen und der Wunsch ausgesprochen wird, ihnen über entsprechende Maßnahmen von Behörden Mitteilung zu machen, so wird ein diesbezüglicher Bescheid gebührenfrei zu erteilen sein. (Ziff. 13 Satz 2 RL.)

4. Die Verwaltungsgebühr ist vorschußweise nur dann zu erheben, wenn dies ausdrücklich zugelassen ist, sonst nur, wenn im Einzelfall ein besonderer offensichtlicher Grund hierfür vorliegt (also nur ausnahmsweise), soweit nicht Fälle vorliegen, wo dies ausdrücklich ausgeschlossen ist. Die Ziffern 29 ff. RL. sind genau zu beachten.

5. Bei nicht bestimmt fixierter Höhe einer Gebühr (Rahmengebühr) sind die Ziffern 44 ff. RL. zu beachten. Bei einfachen Angelegenheiten von untergeordneter Bedeutung, bei denen die Sachbehandlung also nur von ganz geringem Umfange ist, ist grundsätzlich die jeweils geringste Gebühr zu erheben. Bei der Festsetzung der Gebühr im übrigen ist der Betrag dem Einzelfall in gerechter Weise anzupassen, eine unnötige und unverdiente Härte zu vermeiden, damit nicht anderenfalls das notwendige Vertrauen zwischen den Behörden und der Bevölkerung untergraben wird. (Die entsprechenden Ausführungen zu TN. 3 aVGO. in Ziff. 58 RL. gelten allgemein.) Vgl. auch die besonderen Vorschriften über die Festsetzung der Gebühr nach TN. 3 aVGO. in Ziff. 59 RL.

6. Kommt die Erhebung einer Gebühr in Frage, von der anzunehmen ist, daß sich der Gebührenpflichtige über ihre Höhe nicht im klaren ist (z. B. wenn er die Erteilung von Abschriften von Urkunden, Akten u. dgl. beantragt, deren Umfang er augenscheinlich nicht zu übersehen vermag) und die Höhe der Gebühr vielleicht für ihn besonders ins Gewicht fallen wird, so wird der Betreffende zunächst vor der Vornahme der Amtshandlung auf die voraussichtliche Höhe der Gebühr hinzuweisen sein. (Ziff. 35 RL.)

2. Gebührenordnung für Amtshandlungen in Lotterieangelegenheiten.[1]

Vom 20. Dezember 1924.

Auf Grund des § 4 des Preußischen Gesetzes über staatliche Verwaltungsgebühren vom 29. September 1923 (Gesetzsammlung S. 455) wird folgende Gebührenordnung für Amtshandlungen in Lotterieangelegenheiten erlassen.

§ 1

Für die Genehmigung einer Geldlotterie oder einer Ausspielung (Sach- oder Wertlotterie) wird eine Gebühr im Betrage von $1/2$ vom Tausend des Spielkapitals erhoben.

Als Spielkapital im Sinne dieser Vorschrift gilt der Gesamtverkaufswert der auszugebenden Lose abzüglich des auf die Reichslotteriesteuer entfallenden Anteils.

Die Gebühr ist auf volle Reichsmark aufzurunden.

§ 2

Die Befreiungsvorschrift des § 3 der Allgemeinen Verwaltungsgebührenordnung vom 29. Dezember 1923 (Gesetzsammlung 1924, S. 1) findet auf Genehmigungsbescheide in Lotterieangelegenheiten keine Anwendung.

§ 3

Für die Ablehnung eines Antrages auf Genehmigung einer Lotterie oder einer Ausspielung wird eine Gebühr von 5 bis 300 Reichsmark erhoben.

Die Bemessung der Gebühr innerhalb dieses Rahmens richtet sich nach der Höhe des beantragten Spielkapitals und nach dem Maße der zur Vorbereitung der Entscheidung aufgewendeten Verwaltungsarbeit. Diese Gebühr darf indes nicht die Gebühr übersteigen, die im Falle der Genehmigung gemäß § 1 zu erheben wäre.

§ 4

Wird ein Antrag auf Genehmigung einer Lotterie oder Ausspielung, deren Ertrag ausschließlich gemeinnützigen Zwecken, insbesondere Zwecken der Wohlfahrts- oder Denkmalspflege, zu dienen bestimmt ist, lediglich wegen der beschränkten Aufnahmefähigkeit des Lotteriemarktes, nicht wegen mangelnder sachlicher Voraussetzungen, abgelehnt, so ist von der Erhebung einer Gebühr abzusehen.

§ 5

Im übrigen finden die Vorschriften der Allgemeinen Verwaltungsgebührenordnung vom 29. Dezember 1923 Anwendung.

Anm. 1) Hierzu bestimmt der E. des M. f. V. und der FM. vom 20. 12. 1924 (III L 775; II C 3206):

Sofern die Durchführung der Lotterie oder Ausspielung einem gewerbsmäßigen Lotterieunternehmer übertragen ist, ist in den Lotteriebedingungen festzusetzen, daß dieser die Gebühr dem Veranstalter zu erstatten hat.

Die Gebühr ist in der Regel bei Erteilung des Genehmigungsbescheides zu erheben.

Bei der Genehmigung von Lotterien und Ausspielungen, die zugunsten gemeinnütziger Zwecke ohne Mitwirkung eines gewerbsmäßigen Lotterieunternehmers veranstaltet werden, ist die Gebühr auf Antrag zu stunden, bis sie aus dem Ertrage des Loseverkaufs entrichtet werden kann.

---

3. Ergänzung zur Verwaltungsgebührenordnung des Ministeriums des Innern.[1])

Vom 31. Dezember 1924.

(MBl. i. V. 1925 Nr. 1.)

Auf Grund des § 4 Abs. 1 des Gesetzes über staatliche Verwaltungsgebühren vom 29. Dezember 1923 (GS. S. 455) wird im Einverständnis mit dem Finanzminister und dem Minister für Landwirtschaft, Domänen und Forsten folgendes angeordnet:

Die Tarifstelle 6 „Jagdsachen" der Verwaltungsgebührenordnung vom 25. April 1924 (MBliV. S. 479) erhält folgenden Zusatz:

„III. Erteilung einer befristeten Bescheinigung gemäß § 45 Abs. 2 der Jagdordnung und Beglaubigung des Ursprungsscheines gemäß § 46 a. a. O. für Elch-, Schwarz-, Rot-, Dam- und Rehwild . . . . 2 RM.
für alle übrigen Wildarten . . . . 1 RM."

Anm. 1) Vgl. S. 94.

Sachregister.

Die Zahlen verweisen auf die Seiten.

A.

B.

D.

G.

H.

J.

K.

P.

R.

S.

T.

U.

V.

Druck von Walter de Gruyter & Co., Berlin W. 10.

FSC
www.fsc.org
MIX
Papier | Fördert gute Waldnutzung
FSC® C083411

Kolibri 360 GmbH
Ferdinand-Jühlke-Straße 7
99095 Erfurt, Deutschland
produktsicherheit@kolibri360.de